CB132284

# Comidas de Botequim

EDITORA
NOVA
FRONTEIRA

Ana Judith
de Carvalho

© 1981 by Ana Judith de Carvalho

Direitos adquiridos para a língua portuguesa pela
Editora Nova Fronteira S.A.
Rua Bambina, 25 – Botafogo – CEP 22251-050
Rio de Janeiro – RJ – Brasil
Tel.: (21) 2537-8770 – Fax: (21) 2537-2659
http: //www.novafronteira.com.br
e-mail: sac@novafronteira.com.br

Projeto gráfico
*Gustavo Meyer*

Capa e ilustrações
*Victor Burton*

Revisão
*Nilson Souto Maior*
*Nildon Ferreira*

CIP-Brasil. Catalogação-na-fonte
Sindicato Nacional dos Editores de Livros, RJ

C321c Carvalho, Ana Judith de 1938-1998.
5ª impr. Comidas de botequim / Ana Judith de Carvalho. 5ª impressão – Rio de Janeiro : Nova Fronteira, 2003.

ISBN 85-209-0744-x

1. Culinária. I. Título.

CDD 641.5
CDU 641.5

# Sumário

Apresentação, 13

## Tira-gostos

Aipim frito, 19
Batatinhas à calabresa, 20
Bolinhas de farinha de mesa, 21
Bolinhos de aipim, 22
Bolinhos de bacalhau, 23
Bolinhos de carne, 24
Camarãozinho, 25
Caranguejo cozido, 26
Cebolas fritas, 27
Chouriço na aguardente, 28
Churrasquinhos, 29
Empadinhas de galinha, 30
Croquetes de arroz, 32
Lingüiça frita, 33
Manjubinhas fritas, 34
Mariscos ao vinagrete, 35
Ovas de peixe, 36
Ovos de codorna, 37
Pão de alho, 38
Pasta de berinjelas, 39
Pasta de queijo, 40
Pastéis de camarão, 41
Pastéis de carne, 42
Pastéis de palmito, 43
Pastéis de queijo, 44
Patê de fígado, 45
Picles caseiros, 46

Pimentões grelhados, 47
Presunto assado, 48
Provoleta, 49
Rollmops, 50
Sardinhas fritas, 51
Torresmos, 52

## Aperitivos

Batida de abacaxi, 55
Batida de amendoim, 55
Batida de coco, 56
Batida de limão, 56
Batida de maracujá, 57
Batida de morango, 57
Batida de mocotó, 58
Batida de tomate, 59
Caipirinha, 59
Caju-amigo, 60
Caldinho de agrião, 61
Caldinho de cabeças, 62
Caldinho de cozido, 63
Caldinho de feijão, 63
Coice-de-boi, 64
Coquinho, 65
Infusão de menta, 65
Rabo-de-galo, 66
Sangria, 67
Xixi-de-anjo, 68

## Pratos principais

Arroz com mariscos, 71
Arroz com pescada e brócolis, 72
Arroz-de-Braga, 73
Arroz-de-carreteiro, 74
Arroz-de-forno, 75
Bacalhau à portuguesa, 76
Bacalhau com feijão-branco, 77
Bacalhau com grão-de-bico, 78
Bifes de panela com *petit-pois*, 79
Bifes rolês com purê de batatas, 80
Bolo de batata com carne, 82
Caldo verde, 83
Cabrito à caçadora, 84
Camarão com chuchu, 86
Canja especial, 87
Canjiquinha à mineira, 88
Carne assada ao molho de ferrugem com coradas,89
Carne-seca desfiada com tutu, 90
Carne-seca frita com pirão de farinha e maxixes, 92
Charutinhos de repolho com carne, 93
Chispe com feijão-branco, 94
Carne-de-sol com feijão-de-leite, 96
Costeletas de porco com tutu e couve à mineira, 97
Cozido à brasileira, 98
Dobradinha à moda, 101
Ensopadinho de carne com quiabo, 102
Ensopadinho de repolho com charque, 103

Espaquete com bracholas, 104
Feijão-tropeiro, 105
Feijoada carioca, 106
Filés acebolados, 108
Filés à baiana, 109
Filés à brasileira, 110
Filés a cavalo, 111
Filés a Diana, 112
Filés à francesa, 113
Filés à Holstein, 114
Filés ao alho e óleo, 115
Frango a passarinho, 116
Frango assado com farofa, 117
Frango ao molho pardo com quiabo e polenta, 118
Frango ensopado, 120
Iscas com elas, 121
Fritada de bacalhau à espanhola, 122
Lagarto recheado com panachê de legumes, 124
Leitão assado com guarnição à mineira, 126
Lentilhas garnies, 127
Lombinho de porco à moda, 128
Lombinho de porco assado, 129
Lombo com feijão-manteiga, 130
Macarronada, 131
Mariscada, 132
Mocotó à portuguesa, 134
Moqueca de peixe, 136
Moqueca de camarão, 138
Omelete de queijo, 139
Ossobuco à camponesa, 140

Paçoca com feijão-de-corda, 141
Peixada à brasileira, 142
Palmitada com ovos, 144
Peixe abafado com pirão de farinha de mesa, 145
Peixe assado, 146
Peixe dorê com molho de camarão, 147
Peixe frito ao escabeche, 148
Pernil de porco assado, 150
Pescadinhas fritas com batatas, 151
Picadinho à brasileira com banana frita, 152
Pimentões recheados ao molho de tomates, 153
Quibebe com carne-seca, 154
Rabada com agrião, 156
Posta de peixe com brócolis, 158
Ragu de carne com batatas, 159
Risoto de camarão, 160
Rosbife, 161
Roupa-velha, 162
Talharim com galinha, 163
Talharim com almôndegas, 164
Tripas à moda do Porto, 166
Tutu à mineira, com lingüiça e ovos estrelados, 167
Viradinho com arroz, 168
Virado à paulista, 169

## Acompanhamentos

Arroz caseiro, 173
Arroz com lentilhas, 174
Couve à mineira, 175

Creme de milho, 176
Farofa de banana, 177
Farofa de ovo, 178
Farofa na manteiga, 179
Feijão caseiro, 180
Jardineira de legumes, 181
Molho de pimenta, 182
Molho vinagrete, 183
Pirão de farinha de mesa, 184
Purê de batatas, 185
Salada de batatas, 186
Salada mista, 187
Tutu de feijão, 188

## Sobremesas

Aletria, 191
Arroz-doce, 192
Canjica com leite-de-coco, 193
Cocada-puxa, 194
Compota de goiaba, 195
Compota de manga, 196
Creme caramelo, 197
Creme de abacate, 198
Creme de chocolate, 199
Curau de milho-verde, 200
Doce de abóbora com coco, 201
Doce de batata-doce, 202
Doce de banana em rodinhas, 203
Doce de coco, 204
Doce de leite, 205

Gelatina com frutas, 206
Manjar branco com ameixas em calda, 207
Pudim de coco, 208
Pudim de leite, 209
Pudim de pão, 210
Pudim de queijo, 211
Salada de frutas, 212
Torta de banana frita, 213
Torta de maçãs, 214
Viradinho de banana, 215

# Apresentação



A maioria das pessoas tem idéia do que seja um botequim.

Um local informal e despojado de decorações inúteis ou pretensiosas, onde se vai sobretudo para beber e tirar o gosto com salgadinhos e petiscos simples. Um local também onde do meio-dia ao começo da tarde é servido o almoço, com aquela comidinha de tipo caseiro: uma desfiada com tutu e couve, uma canja especial, um pudim de leite ao caramelo.

Convém, no entanto, não confundir o estilo dos nossos botequins tradicionais, que neste livro pretendemos retratar, com novas casas, mais ou menos sofisticadas, que procuram imitar o gênero. E nem mesmo com aqueles locais mais modestos, tipo lanchonete, nos quais impera a fórmica, e onde o forte da oferta são os lanches rápidos e o PF (prato-feito).

No caso que nos interessa, tem-se, além da organização e do despojamento das instalações, uma ampla gama de escolha entre minutas e pratos de longo cozimento. Quem consegue, por exemplo, esquecer um bom filé ao alho e óleo no ponto, que salta em cerca de minutos, acompanhado de brócolis verdinhos e batatas fumegantes, ou ainda um mocotó à portuguesa, cozinhado por horas e horas, até alcançar seu belo molho espesso e perfumado?

Esses restaurantes tradicionais tipo botequim apresentam, além da sua atraente cozinha, um clima de tranqüilidade e solidariedade únicas, pois sua clientela é fiel. Sabe que, quando se senta naquela mesa coberta por uma toalha branca, vai comer honestamente, sem falsos mistérios ou complicações. Vai, inclusive, comer fartamente, e por um preço justo. Sendo freqüentador assíduo, vai até merecer uma gratificante intimidade com os garçons, em termos de pequenas atenções muito especiais. Porque, de fato, o pessoal que serve nesses botequins tradicionais está normalmente há longo tempo nas casas e apresenta qualificações bastante peculiares.

Estes seriam, assim se pode dizer, os 'segredos' que tantas novas casas procuram repetir, com repertório semelhante, é bem verdade, mas na maioria das vezes sem grande sucesso, sobretudo porque os preços são bem mais caros.

Por que tantas pessoas, a partir de uma rápida e quase que instintiva seleção, demandam cada vez mais os verdadeiros restaurantes tipo botequim? Apenas pelo ambiente simpático e aconchegante, as porções fartas e os preços razoáveis? Por certo que não.

A razão dessa procura reside nas opções que tais restaurantes apresentam, e também numa inegável nostalgia quanto ao paladar bem simples e caseiro, tirado à cozinha familiar em geral, seja ela de origem portuguesa, espanhola ou regional brasileira, principalmente a mineira.

Assim, se o que cativa em um restaurante-botequim de tradição são as receitas e o serviço, por que não repeti-los em casa e em família?

Trata-se, na verdade, de tarefa fácil e sem mistérios, que este livro procura faciliar ainda mais.

Com base no repertório constante dos cardápios mais regulares, em vigor nos botequins tradicionais, apresentamos aqui um total de 175 sugestões, compreendendo pratos principais (minutas e longo

cozimento), acompanhamentos básicos, tira-gostos, sobremesas e aperitivos. Todas as receitas são detalhadas e, conseqüentemente, de fácil compreensão, de modo que o leitor, mesmo se pouco afeito à prática culinária, possa realizá-las com segurança. Além da garantia de qualidade quanto ao paladar, por que também não recriar em casa um pouquinho do clima desses estabelecimentos? 
Use louça simples e toda branca. Caso a receita assim estipule, frigideiras de barro. Copos e talheres também da maior simplicidade. Uma toalha branca, ou em xadrezinho vermelho ou azul. Guardanapos grandes, em pano branco ou de papel grosso e absorvente. Uma cestinha para o pão, um saleiro, uma pequena molheira, para o molho de pimenta ou vinagrete, e um recipiente para a farinha de mesa tostadinha. Se quiser caprichar ainda mais, coloque no centro da mesa um vasinho do tipo solitário, com um cravo ou uma rosa.
Escolha um sábado ou um feriado, e vá para a cozinha preparar, sem susto, este cardápio que sugerimos para a estréia:

*Aperitivo:* caipirinha;
*Tira-gosto:* manjubinhas fritas ao molho de pimenta e limão;
*Serviço:* pão francês quentinho, azeitonas, manteiga e picles caseiros;
*Prato principal:* lombinho de porco à moda;
*Acompanhamento:* batatas fritas e arroz caseiro;
*Sobremesa:* doce de abóbora com coco.

Caso não disponha de muito tempo e pretenda uma solução mais rápida, escolha o seguinte:

*Aperitivo:* caju-amigo;
*Tira-gosto* e *serviço*: pasta de berinjelas (aquela que você guardou na geladeira); pão francês quentinho; manteiga;
*Prato principal:* filés à baiana;
*Acompanhamento:* arroz caseiro;
*Sobremesa:* um pedaço de queijo ou uma fruta da estação (a menos que você tenha guardado um pouco das compotas que sugerimos).

Boa sorte, bom apetite, e nossos votos para que não fique apenas nesses primeiros *menus*.

# Tira-Gostos

# Aipim frito

(6 porções)



**1 quilo de aipim; 1 colher de café de manteiga; 1 colher de chá de açúcar; 2 tabletes de caldo de galinha; óleo para a fritura; sal.**

Descasque o aipim e lave bem. Corte em pedaços grandes e torne a lavar. Ferva 2 litros de água com os tabletes de caldo, a manteiga e o açúcar. Cozinhe o aipim até que esteja macio, porém firme. Escorra. Torne a limpar o aipim, de modo a retirar a raiz central e qualquer excesso de fibras. Corte em bastões nem muito grandes nem muito finos. Frite em óleo fervente e escorra em papel absorvente. Polvilhe com um pouquinho de sal, antes de servir.

# Batatinhas à calabresa

(6 porções)

20 **1 quilo de batatinhas; 1 cebola média; 1 dente de alho; 2 folhas de louro; 1 pacotinho de pimenta calabresa; 1 xícara de chá de vinagre; ½ xícara de chá de óleo; 1 pimentinha-malagueta; sal.**

Lave as batatas em água corrente, utilizando uma escovinha, para limpar as cascas. Cozinhe as batatinhas com casca em água com sal, até que estejam macias. Em um recipiente de vidro ou louça, misture o vinagre com o óleo e tempere com 1 colher de café rasa de sal. Acrescente as folhas de louro, a pimenta calabresa, o alho picado, a cebola em rodelas finas e a malagueta esmagada. Mexa bem e misture com as batatinhas escorridas e ainda mornas. Deixe em local fresco por 1 hora para que o tempero entranhe.

*O uso tanto do alho como da malagueta é opcional. Sendo de gosto, utilize azeite ao invés de óleo.*

# Bolinhas de farinha de mesa

(cerca de 6 porções)



**2 xícaras de chá de farinha de mandioca; 1 cebola média; 1 colher de sopa cheia de cebolinha verde bem picada; 1 colher de sopa cheia de salsa picadinha; 1 colher de sobremesa de caldo de pimenta; 1 colher de sopa de azeite; óleo para a fritura; sal.**

Molhe a farinha de mandioca com 2 copos de água fria com sal a gosto, misture bem e deixe inchar por ½ hora. O ponto é o da massa para enrolar. Junte, portanto, um pouco mais de água, se julgar necessário. Misture a farinha já encharcada com a cebola ralada ou bem batidinha, a salsa, a cebolinha verde, o azeite e o caldo de pimenta. Trabalhe bem a massa e prove o sal. Umedeça as mãos e faça bolinhas do tamanho de um ovo de codorna com esta massa. Frite em boa quantidade de óleo quente, retire com a escumadeira quando estiverem bem douradas, e escorra em peneira para que não encharquem. Sirva quentes, com um pouco mais de molho de pimenta à parte, se desejar.

# Bolinhos de aipim

(cerca de 24 unidades)

22 **1 quilo de aipim; 2 ovos; 1 colher de sopa cheia de manteiga ou margarina; farinha de rosca que baste; óleo para a fritura; sal.**

Descasque o aipim, lave bem, corte em pedaços não muito pequenos e cozinhe em água e sal até que esteja bem macio. Escorra, limpe suprimindo os fios mais grossos e passe pelo espremedor de batatas enquanto está quente. Misture com a manteiga, com os ovos inteiros e bata bem. Prove o sal. Com a ajuda de uma colher de sobremesa, forme bolinhos e role-os na farinha de rosca. Frite em bastante óleo quente e escorra em papel absorvente. Sirva com molho de pimenta (cf. o capítulo "Acompanhamentos").

*Preferindo, não use farinha de rosca e frite diretamente as colheradas de massa, até que os bolinhos estejam bem dourados.*

# Bolinhos de bacalhau

(para 8)



**½ quilo de bacalhau; 1 quilo de batatas; 5 ovos; 1 colher de sopa de manteiga; 1 cebola média batidinha; 2 colheres de sopa de salsa picadinha; óleo para a fritura; sal e pimenta.**

Coloque o bacalhau de molho de véspera e tenha o cuidado de trocar a água três vezes. Escorra, afervente e retire todas as peles e espinhas. Coloque o bacalhau num guardanapo, embrulhe e bata bem com o soquete, para que fique completamente esmigalhado. Preferindo, passe-o pela máquina de moer. Passe as batatas cozidas em água com pouco sal pelo espremedor enquanto ainda estão quentes e misture com o bacalhau. Acrescente as gemas, uma a uma, mexendo bem. Junte a salsa, a cebola, a manteiga derretida e pimenta a gosto. Prove o sal e misture bem. Por último, incorpore as claras em neve firme. Frite às colheradas em bastante óleo quente e escorra em papel absorvente.

# Bolinhos de carne

(para 8)

24 **1 quilo de carne moída; 2 xícaras de chá de miolo de pão amanhecido, embebido em leite e espremido para que não fique encharcado; 1 cebola grande; 2 colheres de sopa de salsa picada; 1 colher de sopa de cebolinha verde picada; 1 colher de café rasa de louro em pó; 2 gemas cruas; 2 ovos inteiros; farinha de rosca que baste; óleo para a fritura; sal e pimenta.**

Misture a carne com o miolo de pão, a cebola ralada, a salsa, a cebolinha e as 2 gemas. Tempere com louro, sal e pimenta e trabalhe a massa até que esteja bem unida. Forme bolinhas ou croquetes não muito grandes. Passe pela farinha de rosca, pelos ovos batidos como para omelete e novamente pela farinha de rosca. Frite em bastante óleo quente e escorra em papel absorvente. O fogo não deve ser excessivamente forte, para que a carne possa ficar uniformemente cozida.

# Camarãozinho

(6 porções)



**1 quilo de camarões miúdos com casca e cabeças; 2 limões; 1 cabeça de alho; óleo para a fritura; sal e pimenta.**

Lave os camarões com a casca e cabeças em água corrente e escorra bem. Misture com o caldo dos limões e tempere com sal e pimenta a gosto. Deixe tomar gosto por ½ hora. Pique os dentes de alho em lâminas e frite em um pouco de óleo, com cuidado para que não escureçam. Retire e reserve. Coloque mais óleo na mesma frigideira e frite, em fogo forte, os camarões aos punhados e bem escorridos. Devem ficar bem tostados. Retire com escumadeira para uma peneira, para que os camarões fiquem sequinhos e crocantes. Misture com o alho frito enquanto ainda estão bem quentes, e sirva com quartos de limão.

# Caranguejo cozido

(12 unidades)

26 **12 caranguejos grandes e frescos; 1 molho de salsa e cebolinha; 1 cebola média; 6 cravinhos; 1 folha de louro; 1 cenoura; 2 talos de aipo com a rama; 1 colher de café rasa de *dill* (aneto ou finóquio em grãos); 1 colher de café rasa de grãos de coentro amassados; sal e pimenta.**
**Para o molho: 1 cebola grande; 1 colher de chá de caldo de pimenta; 2 limões grandes; 1 colher de sopa de coentro picadinho; 2 colheres de sopa de azeite.**

Escalde os caranguejos vivos, num grande caldeirão de água fervente, por 5 minutos. Escorra e lave-os em água corrente, com o auxílio de uma escovinha. Ferva então cerca de 3 litros de água com sal, a cebola, os cravinhos, a cenoura aos pedaços, grãos de pimenta, de coentro e de *dill*, o louro, o amarrado de salsa e cebolinha e o aipo. Coloque os caranguejos limpos para cozinhar em fogo brando, por 1 hora. Retire-os então para uma travessa e reserve 1 copo do caldo coado. Corte a cebola grande em rodelas bem finas. Misture com o caldo coado dos limões, com o caldo de pimenta, o azeite, o caldo dos caranguejos e o coentro. Mexa bem e prove o sal. Sirva este molho frio, em separado. Desejando maior quantidade de molho, utilize 2 copos de caldo ao invés de 1.

*O que sobra do caldo de cozimento dos caranguejos, depois de coado, pode ser utilizado no preparo de um pirão de farinha de mesa que será excelente como acompanhamento para peixe frito em postas.*

# Cebolas fritas

(para 4)



**4 cebolas bem grandes; 2 ovos; 2 colheres de sopa de leite (ou, na falta deste, de água); farinha de trigo que baste; óleo para a fritura; sal e pimenta.**

Corte as cebolas descascadas em rodelas não muito fininhas, desfaça em anéis e deixe de molho em água fria com sal por 5 minutos. Escorra, então, e seque sobre um guardanapo. Bata os ovos inteiros com o leite (ou água) e tempere com sal e pimenta. Passe as cebolas primeiro pelos ovos, escorra um pouco e passe depois rapidamente pela farinha de trigo, para que não fiquem muito pesadas. Frite em bastante óleo fervente e escorra em papel absorvente. O tempo de fritura é muito rápido, e as cebolas devem ficar apenas douradas, para que não amarguem. Polvilhe com um pouquinho de sal e sirva em seguida, enquanto estão crocantes.

# Chouriço na aguardente

(4 porções)



**2 chouriços do tipo picante, de cerca de um palmo cada; ½ copo de aguardente (Bagaceira, de preferência); 1 cebola grande; óleo para a fritura.**

Frite rapidamente os chouriços inteiros em um pouco de óleo e em fogo forte. Retire para uma travessa, regue com a aguardente aquecida e flambe. Corte em rodelas finas, e sirva com a cebola picadinha em separado.

*Os chouriços podem ser substituídos por paios ou alheiras.*

# Churrasquinhos

(para 6)

**1 quilo de chã-de-dentro ou alcatra; 1 pacote de *bacon* em tiras; 1 limão grande; 1 colher de sobremesa de molho inglês; óleo para a fritura; sal e pimenta.**

Limpe a carne completamente, retirando sebo, peles e gorduras, e não lave. Corte em pedacinhos, nem muito pequenos nem muito grossos. Tempere com uma mistura de caldo de limão, molho inglês, sal e pimenta. Remexa e deixe tomar gosto por 10 minutos. Espete em cada palito 3 ou 4 pedaços de carne, intercalados com 2 de *bacon*. Frite na frigideira, em um pouco de óleo quente.

# Empadinhas de galinha

(cerca de 24 unidades)

30 **Para a massa: 250 gramas de margarina; ½ copo d'água gelada; 1 quilo de farinha de trigo; 2 gemas.**
**Para o recheio: 1 frango pequeno; 1 limão; 1 folha de louro; 1 cebola grande; 4 tomates grandes e maduros; 1 molho de salsa e cebolinha; azeitonas pretas, das pequenas; farinha de trigo que baste: sal e pimenta.**

Coloque a margarina numa tigela junto com a água e 1 colher de chá de sal e vá misturando com farinha de trigo até obter uma massa unida, úmida e leve. Deixe repousar enquanto prepara o recheio. Limpe o frango, lave, corte em pedaços e tempere com caldo de limão. Coloque para cozinhar em 2 litros de água com sal, pimenta a gosto, os tomates sem sementes, o louro, a cebola picada e o molho de salsa e cebolinha. Quando o frango estiver bem macio, retire, limpe de peles, ossos e cartilagens, e desfie bem miúdo. Coe o caldo do cozimento. Deve-se apurar não menos de 1 litro deste caldo. Misture-o com o frango já desfiado. Prove o sal e a pimenta. Acrescente 3 colheres de sopa cheias de farinha de trigo desmanchada em um pouco de água, e engrosse em fogo brando, até obter um creme não muito duro. Sendo necessário, acrescente um pouco mais de farinha de trigo. Coloque uma bolinha de massa em cada forminha e forre. Não é necessário untá-las. Encha as forminhas com uma porção de creme. Complete com 1 azeitona. Cubra com uma rodela de massa estendida bem fino. Apare as bordas com a ajuda de uma faca molhada. Pincele cada empadinha com um pouco das 2 gemas desmanchadas em 2 colheres de sopa de água e leve ao forno regular e pré-aquecido para que assem e fiquem douradas. Desenforme apenas quando estiverem mornas.

# Croquetes de arroz

(cerca de 24 unidades)

32 **4 xícaras de chá cheias de arroz branco e solto, cozido em água e sal; 2 ovos; 1½ colher de sopa de manteiga ou margarina; 1 colher de sopa de farinha de trigo; 2 colheres de sopa cheias de queijo parmesão ralado; 2 colheres de sopa de salsa picadinha; farinha de rosca que baste; óleo para a fritura; sal e pimenta.**

Misture bem o arroz com os ovos inteiros e batidos, temperados com sal e pimenta, com o queijo, a manteiga derretida, a farinha de trigo e a salsa. Forme os croquetes do tamanho de um ovo pequeno e ligeiramente achatados. Passe-os pela farinha de rosca e frite em bastante óleo quente. Escorra em papel absorvente. Sirva com molho de pimenta (cf. o capítulo "Acompanhamentos").

*Pode-se naturalmente utilizar sobras de arroz. O uso da salsa é opcional.*

# Lingüiça frita

(para 8)



**1 quilo de lingüiça de porco, fresca e do tipo grosso; 1 cebola grande; 1 copo de óleo ou, de preferência, 2 colheres de sopa cheias de banha de porco; pimenta.**

Corte a lingüiça em pedaços de cerca de 3 centímetros. Esquente o óleo ou a banha e coloque a lingüiça na frigideira. Fogo regular, para que a lingüiça possa tostar por igual. Quando começar a ferver, misture com a cebola cortada em rodelas não muito finas. A lingüiça deve ficar bem frita. Retire com a escumadeira e escorra em papel absorvente. A cebola não será aproveitada. Polvilhe a lingüiça com um pouco de pimenta-do-reino moída na hora. Sirva, por exemplo, com farinha tostadinha e molho de pimenta (cf. o capítulo "Acompanhamentos").

# Manjubinhas fritas

(para 6)

34 **1 quilo de manjubinhas; 1 cebola média; 2 limões; 1 colher de sopa cheia de coentro picadinho; farinha de mesa crua que baste; óleo para a fritura; sal e pimenta.**

Limpe os peixinhos, deixando-os com as cabeças. Lave em água corrente e escorra bem. Misture o caldo dos limões com o coentro e a cebola ralada. Tempere com sal e pimenta. Coloque as manjubinhas no molho, misture bem e deixe tomar gosto por 15 minutos. Escorra bem os peixinhos, passe pela farinha de mesa e frite em bastante óleo fervente, até que estejam tostados e crocantes. Escorra em papel absorvente. Sirva com quartos de limão ou com molho de pimenta (cf. o capítulo "Acompanhamentos").

# Marisco ao vinagrete

(6 porções)



**½ quilo de mexilhões, de preferência pequenos, comprados já cozidos e sem conchas; 2 cebolas médias; 1 tomate maduro e firme, sem sementes; 1 molho de cebolinha; 1 colher de sopa de óleo (ou azeite, se preferir); sal e pimenta.**

Bata o vinagre com o óleo e tempere com sal a gosto. Misture com a cebola batidinha, a salsa, a cebolinha picada e com o tomate em pedacinhos. Despeje este molho sobre os mexilhões, misture bem e tempere com pimenta moída na hora. Deixe tomar gosto por 1 hora antes de servir.

*Os mexilhões podem ser substituídos por igual quantidade de vôngolis.*

# Ovas de peixe

(4 porções)

36 **4 ovas de peixe, frescas ou salgadas, conforme a preferência; 1 limão grande; farinha de trigo que baste; óleo e azeite para a fritura; sal e pimenta.**

Para as ovas frescas: limpe com cuidado, para não romper a membrana que as envolve. Tempere com caldo de limão, sal e pimenta e deixe tomar gosto por 10 minutos. Afervente então as ovas por 5 minutos. Escorra bem, seque sobre um guardanapo e passe pela farinha de trigo. Frite numa mistura de óleo com azeite em fogo brando, para que as ovas possam terminar seu cozimento. Escorra em papel absorvente e sirva enquanto estão quentes.
Para as ovas salgadas: deixe de molho em água fria por cerca de 6 horas. Escorra, enxugue e frite numa mistura de óleo e azeite. Escorra em papel absorvente. Sirva quentes ou frias.

*As ovas defumadas dispensam tratamentos especiais. Pode-se entretanto grelhá-las, o que lhes dará um toque especial.*

# Ovos de codorna

(4 porções)



**2 dúzias de ovinhos de codorna cozidos; 1 cebola média; 2 colheres de sopa de azeite; 2 colheres de sopa de vinagre branco; 1 colher de chá de pimenta seca do tipo calabresa; 1 colher de sopa de salsa picadinha (opcional); sal.**

Bata o azeite com o vinagre e tempere com sal a gosto. Acrescente a pimenta calabresa, a salsinha e a cebola cortada em rodelas finíssimas. Misture este molho com os ovinhos de codorna e deixe tomar gosto por ½ hora antes de servir.

# Pão de alho

(12 pãezinhos)



**12 pãezinhos de sal; 250 gramas de manteiga com sal; 2 colheres de sopa de salsa picada e 1 colher de sopa de cebolinha verde picada (opcional); 2 cabeças de alho (ou 12 dentes grandes); pimenta a gosto.**

Pique os dentes de alho bem miudinhos, misture com a manteiga e com as ervas (opcional), tempere com pimenta e trabalhe até obter uma pasta. Corte os pãezinhos em quatro, no sentido do comprimento, e retire um pouco do miolo. Barre as canoinhas com a manteiga de alho e leve ao forno quente e pré-aquecido até que tostem. Sendo de gosto, polvilhe com um pouco mais de pimenta no momento de servir.

*Ao invés de pãezinhos, pode-se utilizar bisnagas, cortadas em fatias não muito grossas.*

# Pasta de berinjelas

(12 porções)

**6 berinjelas grandes; 1 xícara de chá de óleo; 2 folhas de louro; 4 tomates grandes e maduros, sem peles nem sementes; 3 dentes de alho; 1 colher de chá de tomilho; sal e pimenta.**

Descasque as berinjelas e corte em rodelas de 1 centímetro de espessura. Arrume em um tabuleiro grande, em quantas camadas forem necessárias. Regue com o óleo. Polvilhe com sal, pimenta e tomilho. Complete com os tomates picados. Leve ao forno regular por cerca de 1 hora. Quando começar a frigir e secar, molhe com 1 xícara de chá de água quente. À medida que os legumes forem tostando, vá virando a mistura. Quando as berinjelas estiverem se desmanchando, despeje o conteúdo do tabuleiro em um recipiente de vidro ou louça e amasse bem com o garfo. Prove o sal. Misture com o louro e com o alho picadinho. Tempere com um pouco mais de pimenta. Deixe tomar gosto por 1 hora e sirva frio, com pão de centeio ou torradas.

*Sendo de gosto, substitua a pimenta-do-reino por 1 pacotinho de pimenta calabresa.*

# Pasta de queijo

(8 porções)

40 **1 queijo tipo ricota; 2 iogurtes aveludados, ao natural; 2 colheres de sopa de queijo parmesão ralado; 1 colher de sopa rasa de cebola ralada; 2 colheres de sopa de salsa picadinha; 1 colher de sopa de cebolinha verde picada; 2 dentes de alho; 1 colher de café rasa de páprica picante; 1 colher de café de molho inglês; 1 colher de sobremesa de mostarda clara e forte; sal e pimenta.**

Bata no liquidificador o ricota com os iogurtes, o parmesão, o alho, a cebola, a salsa e a cebolinha, até obter uma mistura uniforme. Tempere com páprica, mostarda e molho inglês. Bata bem. Prove o sal e tempere com um pouco de pimenta. Sirva a receita 2 horas depois de prepará-la.

# Pastéis de camarão

(cerca de 24 unidades)

**Massa para pastel que baste, cortada em rodelas e comprada já pronta; ½ quilo de camarões miúdos; 1 limão; 1 cebola média; 1 colher de sopa cheia de coentro picadinho; 3 colheres de sopa de azeite; 3 colheres de sopa de puro purê de tomates; 2 copos de leite; 2 colheres de sopa cheias de farinha de trigo; ½ xícara de chá de azeitonas verdes picadinhas; 1 colher de café de caldo de pimenta; óleo para a fritura; sal e pimenta.**

Tempere o camarão limpo, lavado e picado, com caldo de limão, sal e pimenta. Doure a cebola batidinha no azeite e refogue os camarões. Quando começarem a frigir, misture com o puro purê e com o coentro. Prove o sal, tempere com o caldo de pimenta e molhe com 1 copo de água. Mexa bem e cozinhe por 5 minutos em fogo regular. Misture então com o leite no qual se desmanchou a farinha de trigo e engrosse em fogo brando. O creme não deve ficar muito duro. Por último, acrescente as azeitonas. Coloque então uma porção de creme de camarão no centro de cada rodela de massa. Umedeça as bordas com água fria, feche a massa e pressione com os dentes do garfo. Frite em boa quantidade de óleo fervente, com o auxílio de uma escumadeira. Até ficarem no ponto, os pastéis devem ser banhados no óleo para que a massa abra em pequenas bolhas e fique bem dourada. Escorra em papel absorvente.

# Pastéis de carne

(cerca de 24 unidades)



**Massa para pastel que baste, comprada pronta e já cortada em rodelas; 750 gramas de carne moída; 1 limão; 1 cebola média; 1 colher de sopa de óleo; 2 colheres de sopa cheias de toucinho defumado magro, bem picadinho; 1 dente de alho; 2 colheres de sopa de puro purê de tomates; ½ xícara de chá de azeitonas pretas picadinhas; 2 colheres de sopa de salsa picadinha (opcional); 3 ovos cozidos; 1 colher de chá de molho inglês; sal e pimenta.**

Tempere a carne com o caldo coado do limão, sal, pimenta, e misture bem. Frite o toucinho no óleo. Quando os torresmos estiverem quase prontos, misture com a cebola batidinha e com o alho picado e espere alourar. Refogue a carne tendo o cuidado de soltá-la com o garfo para que não empelote. Continue a mexer, até que toda a água tenha se evaporado e a carne comece a frigir. Misture com o puro purê e tempere com o molho inglês. Prove o sal e a pimenta. Deixe em fogo brando por 5 minutos. Retire e acrescente a salsinha (opcional), as azeitonas e os ovos grosseiramente picados. Coloque uma boa porção de picadinho no centro de cada rodela de massa. Umedeça as bordas com água fria, feche e pressione com os dentes do garfo. Frite em boa quantidade de óleo fervente com o auxílio de uma escumadeira. Até ficarem no ponto, os pastéis devem ser banhados no óleo para que a massa abra em pequenas bolhas. Escorra em papel absorvente.

# Pastéis de palmito

(cerca de 24 unidades)



**Massa para pastel que baste, cortada em rodelas e comprada já pronta; 1 lata grande de palmito; 1 colher de sopa cheia de salsa picadinha; 2 colheres de sopa de manteiga ou margarina; ½ lata de puro purê de tomates; 1 cebola média; 2½ copos de leite; 2 colheres de sopa cheias de farinha de trigo; óleo para a fritura; sal e pimenta.**

Doure a cebola batidinha na manteiga. Misture com o palmito bem picado, tempere com sal e pimenta e refogue. Junte o puro purê, a salsinha e molhe com a água do palmito. Dê uma fervura rápida. Misture então com o leite no qual se desmanchou a farinha de trigo e engrosse em fogo brando. O creme não deve ficar muito duro. Coloque uma porção no centro de cada rodela de massa. Umedeça as bordas com água fria, feche e pressione com os dentes do garfo. Frite em boa quantidade de óleo fervente, com o auxílio de uma escumadeira. Até ficarem no ponto, os pastéis devem ser banhados no óleo, para que a massa abra em pequenas bolhas e fique bem dourada. Escorra em papel absorvente.

# Pastéis de queijo

(cerca de 24 unidades)



**Massa para pastel que baste, comprada pronta e já cortada em rodelas; 400 gramas de queijo provolone ou de queijo-de-minas, do tipo curado; óleo para a fritura; farinha de trigo que baste; pimenta.**

Destaque as rodelas da massa, que não deve estar gelada, com cuidado para que não se rompam, e arrume sobre a mesa ou pedra-mármore enfarinhada. Retire a casca do queijo escolhido e rale na parte mais grossa do ralo. Ou então corte em cubos ou bastões de tamanho compatível com a massa. Coloque uma porção de queijo no centro de cada rodela de massa e polvilhe com um pouco de pimenta. Umedeça as bordas com água fria, feche e pressione com os dentes do garfo. Frite em boa quantidade de óleo fervente, com o auxílio de uma escumadeira. Até ficarem no ponto, os pastéis devem ser banhados no óleo, para que a massa abra em pequenas bolhas. Escorra em papel absorvente.

# Patê de fígado

(para 1 quilo)



**1½ quilo de fígado-manteiga cortado em bifes finos; 250 gramas de toucinho defumado magro; 250 gramas de toucinho paulista; 2 ovos; 1 cebola grande; 150 gramas de manteiga; 2 folhas de louro; 1 colher de café de tomilho; 1 colher de sopa de molho inglês; sal e pimenta.**

Limpe o fígado e corte em pedacinhos. Pique o toucinho defumado e o paulista bem miúdos e misture com o fígado. Tempere com sal e pimenta. Junte a cebola picada, o louro e o tomilho. Leve ao fogo bem brando e mexa de vez em quando. Apenas em último caso e para evitar que o fígado toste e amargue, junte um pouco de água. Quando a mistura estiver bem cozida, retire o louro e passe pelo liquidificador junto com os ovos. Passe então pela peneira. Prove o sal e a pimenta e tempere com o molho inglês. Misture com a manteiga e leve ao fogo brando, em banho-maria, para que a manteiga derreta. Bata bem, espere amornar e acondicione num recipiente de louça, que tenha tampa. Guarde na geladeira, pois assim poderá durar até 15 dias.

# Picles caseiros

(cerca de 2 quilos)

46 **4 cenouras grandes, descascadas e cortadas em bastões; 3 nabos médios, descascados e cortados em bastões; 4 pimentões grandes, 2 verdes e 2 vermelhos, limpos e cortados em tiras não muito finas; 1 pepino fresco, sem casca e cortado em bastões; 1 molho de pequenos rabanetes limpos porém com a casca; 2 xícaras de chá de talos de aipo limpos e cortados em tiras não muito finas; 2 xícaras de chá de couve-flor separada em pequenos buquês; 8 cebolas bem pequenas; 2 dentes de alho; 2 folhas de louro; 1 colher de sobremesa de sementes de mostarda; 1 colher de sopa de açúcar; 1 colher de sopa de grãos de pimenta-preta; 1 colher de sopa não muito cheia de sal; 1½ litro de vinagre, de preferência de maçã.**

Afervente rapidamente, e em separado, cenouras, nabos, pepino, rabanetes, aipo, pimentões, couve-flor e cebolas. Escorra bem. Ferva por 5 minutos o vinagre com 1 copo de água, sal, açúcar, pimenta, louro, alho e mostarda. Misture com todos os legumes, espere levantar fervura novamente e acondicione em vidros escaldados, secos e que possam ser hermeticamente fechados. Espere esfriar e guarde na geladeira.

# Pimentões grelhados

(cerca de 1 quilo)

**1½ quilo de pimentões vermelhos; ½ copo de óleo; ½ copo de vinagre; 2 folhas de louro; 2 dentes de alho (opcional); 1 cebola média; sal e pimenta.**

Limpe os pimentões, lave e corte em tiras largas. Arrume em um tabuleiro grande. Regue com o óleo e polvilhe com o sal. Leve ao forno quente e pré-aquecido, por cerca de 45 minutos, tendo o cuidado de virar as tiras de pimentão à medida que forem tostando. Arrume os pimentões em um recipiente de vidro ou louça. Desmanche o fundo do tabuleiro com ½ copo de água quente, misture com o vinagre e despeje sobre os pimentões. Complete com o alho picado (opcional), o louro e a cebola em rodelas finas. Mexa com cuidado e polvilhe com pimenta. Deixe tomar gosto por 1 hora, antes de servir.

# Presunto assado

(mais de 30 porções)

48 **1 presunto do tipo *tender*, com osso, e de não menos de 5 quilos; 2 colheres de sopa de mostarda clara e forte; 2 copos de vinho branco seco; 3 colheres de sopa de melado; 1 pacote de cravinhos; farinha de rosca que baste; 1 colher de sopa cheia de manteiga; pimenta.**

Retire a capa de pele do presunto e um pouco da gordura, caso seja excessiva. Risque o presunto de modo a obter um quadriculado. Unte-o completamente com a manteiga e arrume-o num tabuleiro. Besunte-o então com o melado misturado a 1 colher de sopa de mostarda. Espete 1 cravinho no centro de cada losango do presunto. Polvilhe fartamente com pimenta-do-reino preta, moída na hora, e leve ao forno regular. 1 hora depois, regue com o vinho misturado a 1 colher de sopa de mostarda. Enquanto o presunto assa, vá regando-o com o próprio molho. 2 horas depois de ter sido colocado no forno, polvilhe o presunto com farinha de rosca e deixe no forno por mais ½ hora, para que a crosta possa tostar.

*O vinho pode ser substituído por igual quantidade de cerveja clara, de suco de laranja ou de suco de abacaxi.*

# Provoleta

(6 porções)



**1 copo de leite; 1 copo de água; 2 xícaras de chá de farinha de trigo; 1 colher de sopa de margarina; 3 ovos; ½ quilo de queijo tipo provolone; farinha de rosca que baste; óleo para a fritura; sal.**

Derreta a margarina em fogo brando e misture bem com a farinha de trigo. Molhe com o leite e com a água, mexa bem, tempere com sal a gosto e cozinhe em fogo brando, batendo com colher de pau até obter uma massa firme. Corte o queijo em cubos. Envolva completamente cada pedaço de queijo em um bocado de massa, de modo a formar uma bolinha. Passe primeiro pelos ovos batidos como para omelete e temperados com um pouco de sal, e depois pela farinha de rosca. Frite em bastante óleo quente, até que estejam douradas, e escorra em peneira, para que não encharquem. Sirva enquanto estão bem quentes.

# Rollmops

(24 unidades)

50 **12 arenques; 3 cebolas médias; 3 pepinos em conserva, tamanho médio; 3 folhas de louro; 1 vidro pequeno de alcaparras; 4 copos de vinagre branco; mostarda forte e clara que baste; pimenta.**

Deixe os arenques de molho em água fria por 6 horas. Lave bem. Abra e retire as espinhas central e lateral. Corte cada arenque de modo a obter dois filés. Seque os filés e unte-os com mostarda. Corte os pepinos em pequenos bastões e as cebolas em rodelas finas. Recheie cada filé com um pouco de pepino e cebola, complete com algumas alcaparras, enrole e fixe com um palito. Arrume os rollmops numa terrina de vidro ou louça que tenha tampa. Ferva o vinagre com o louro e 1 colher de chá de grãos de pimenta-preta. Espere esfriar e despeje sobre os rollmops, que devem ficar completamente cobertos. Tampe a terrina e deixe o arenque marinar por três dias, antes de consumi-lo.

# Sardinhas fritas

(6 porções)



**1 quilo de sardinhas médias; 1 cebola média; 2 limões; 1 colher de sopa cheia de coentro picadinho; farinha de trigo que baste; óleo para a fritura; sal e pimenta.**

Corte fora as cabeças das sardinhas, escame e esvazie. Abra, retirando as espinhas central e lateral, deixando porém o rabinho. Lave os filés em água corrente e escorra bem. Deixe de molho por 15 minutos no caldo coado dos limões, misturado com a cebola ralada, o coentro, e temperado com sal e pimenta. Escorra bem cada sardinha, para que depois não fiquem encharcadas. Passe pela farinha de trigo, sacuda ligeiramente e frite em bastante óleo fervente. Escorra em papel absorvente e sirva quentes ou frias, com quartos de limão, por exemplo.

# Torresmos

(6 porções)

52 **½ quilo de toucinho de porco, fresco; óleo para a fritura; 2 xícaras de chá de farinha de mesa, tostada e aquecida; molho de pimenta (cf. o capítulo "Acompanhamentos").**

Corte o toucinho em fatias nem muito finas nem muito pequenas. Frite em óleo fervente até que os torresmos estejam tostados e crocantes. Escorra em papel absorvente. Sirva sobre a farinha de mesa quente, com o molho em separado.

# Aperitivos

## Batida de abacaxi

(2 doses)

**3 doses de aguardente; 1 copo de suco de abacaxi; 1 colher de sopa de caldo coado de limão; 1 colher de chá de açúcar; 2 colheres de sopa de gelo grosseiramente picado.**

Coloque todos os ingredientes numa coqueteleira e bata por alguns minutos. Sirva em dois copos gelados.

## Batida de amendoim

(4 doses)

**4 doses de cachaça; 2 colheres de sopa cheias de amendoim torrado e moído bem fino; 2 colheres de sopa de leite condensado; 1 colher de sopa cheia de creme de leite; 1 pitada de casca ralada de limão.**

Coloque todos os ingredientes indicados no liquidificador, misture com 3 colheres de sopa cheias de gelo picado e bata bem. Sirva em seguida.

# Batida de coco
(4 doses)



**1 garrafinha de leite de coco; 6 doses de aguardente; 2 doses de água; 1 colher de sopa cheia de leite condensado; 2 colheres de sopa de gelo grosseiramente picado.**

Coloque todos os ingredientes numa coqueteleira e bata por alguns minutos. Sirva espumando, em quatro copos gelados.

# Batida de limão
(para 2)

**2 doses de cachaça; a mesma medida de água gelada; caldo coado de 1 limão dos grandes (cerca de 3 colheres de sopa); 1 colher de sopa não muito cheia de açúcar; 2 pedacinhos de casca de limão.**

Coloque na coqueteleira a cachaça, a água, o caldo de limão, o açúcar e 2 pedras de gelo. Bata bem. Despeje em 2 copos e guarneça com a casquinha de limão, torcida.

*O açúcar pode ser substituído por mel. O gelo, ao invés de ser batido com os diversos ingredientes, pode ser colocado diretamente nos copos.*

# Batida de maracujá

(para 2)

**2 doses de cachaça; 1 copo de suco de maracujá; 1 colher de sopa de xarope de groselha.**



Coloque os ingredientes indicados na coqueteleira, com 3 pedras de gelo. Bata bem, coe e sirva em seguida.

# Batida de morango

(para 8-10)

**½ garrafa de vodca; 1 caixeta de morangos maduros; 1 colher de sobremesa de caldo de limão; 2 colheres de sopa não muito cheias de açúcar.**

Limpe os morangos, pique e bata no liquidificador com o açúcar, o caldo de limão e ½ copo de água. Despeje numa jarra grande e misture bem com o vodca. O gelo é colocado nos copos.

# Batida de mocotó

(8 porções)



**Utilize o que tiver sobrado do caldo coado, resultante dos pezinhos de porco ou boi, tal como preparados nas receitas de "Mocotó à portuguesa" ou "Chispe com feijão-branco" (cf. o capítulo "Pratos principais"). Para 5 conchas de caldo, utilize: 8 doses de aguardente; 2 colheres de sopa de caldo coado de limão; 1 colher de café de caldo de pimenta; sal.**

Misture a aguardente com o caldo de limão e com o caldo de pimenta. Acrescente o caldo de mocotó fervente. Prove o sal. Sirva em canequinhas e enquanto está bem quente. Caso contrário, o caldo começará a colar. Sirva com lingüiça frita.

## Batida de tomate

(2 doses)

**2 doses de aguardente; 1 dose de vodca; 1½ copo de suco de tomate; 1 colher de sobremesa de caldo coado de limão; gotas de molho inglês; gotas de molho Tabasco; 1 pitada de sal; 1 pitada de açúcar; pimenta-do-reino a gosto; 2 cubos de gelo.**

Misture o suco de tomate com a aguardente e o vodca. Tempere com caldo de limão, molho inglês, Tabasco, sal, açúcar e pimenta. Mexa bem. Despeje em dois copos e complete com o gelo.

## Caipirinha

(2 doses)

**3 doses de aguardente; 1 limão; 3 colheres de sopa de caldo coado de limão; 2 colheres de sopa de água; 1 colher de sopa não muito cheia de mel; 2 colheres de sopa cheias de gelo picado.**

Corte o limão em quatro gomos e coloque dois em cada copo. Reparta a aguardente, o caldo de limão, o mel e a água, em partes iguais, em cada copo. Amasse bem os gomos de limão com o auxílio de um pequeno soquete. Complete com o gelo, mexa bem e sirva em seguida.

# Caju-amigo

(2 doses)



**3 doses de aguardente; 1 copo de suco de caju; 1 colher de sopa de leite condensado; 2 colheres de sopa de gelo grosseiramente picado.**

Coloque todos os ingredientes na coqueteleira e bata bem. Sirva coado, em copos gelados.

*O autêntico caju-amigo é diferente. Serve-se o cálice de aguardente e, ao seu lado, um caju fresco e maduro. A pessoa bebe um gole e chupa um pouco da fruta, que, entre outras qualidades, tem a propriedade de cortar o bafo...*

# Caldinho de agrião

(4 doses)

**1½ concha do caldo coado da rabada já pronta; 4 doses de cachaça; ½ colher de café de caldo de pimenta (opcional); sal.**

Misture o caldo da rabada, que deve estar coado e desengordurado, com a cachaça e a pimenta, e prove o sal antes de servi-lo bem quente, em canequinhas.

# Caldinho de cabeças

(1½ litro)

62 **½ quilo de cabeças de peixe; 1 limão; 1 cebola grande; 2 tomates grandes e maduros, sem sementes; 1 molho de salsa e cebolinha; 2 galhinhos de coentro; 1 colher de café de grãos de coentro, amassados (opcional); 1 colher de sopa de azeite; 1 colher de chá de caldo de pimenta; ½ litro de cachaça; sal a gosto.**

Lave o peixe e regue com o caldo do limão. Coloque no caldeirão com 2 litros de água fria, a cebola e os tomates picados, o molho de salsa e cebolinha, os galhinhos de coentro e o coentro em grãos, o azeite e sal a gosto. Cozinhe em fogo brando até que o caldo esteja reduzido à metade. Coe, pressionando os diversos ingredientes com as costas da colher, para que rendam todo o suco. Prove o sal e torne a esquentar. Misture então com o caldo de pimenta e com a cachaça. Sirva enquanto está bem quente, em canequinhas.

*Este caldo especialmente preparado pode ser substituído pela quantidade que se desejar do molho coado da "Peixada à brasileira", misturado com cachaça a gosto e temperado com um pouco mais de sal e caldo de pimenta.*

# Caldinho de cozido

(6 doses)



**2 conchas cheias do caldo do cozido, preparado com carnes e legumes; 6 doses de cachaça; 1 colher de café de caldo de pimenta; sal a gosto.**

Coe o caldo do cozido e enquanto está bem quente, misture com a cachaça e a pimenta. Prove o sal antes de servir em canequinhas.

# Caldinho de feijão

(para 6)

**6 doses de aguardente; 3 conchas de caldo coado de feijão-preto caseiro, não muito grosso (cf. o capítulo "Acompanhamentos"); 1 dente pequeno de alho; 1 colher de sobremesa de óleo; 1 colher de café de caldo de pimenta; sal.**

Doure o alho bem amassado no óleo e retempere o caldo de feijão. Espere ferver e retire do fogo. Prove o sal e misture com o caldo de pimenta e com a aguardente. Mexa bem e sirva bem quente, em canequinhas, acompanhado por exemplo de torresmos.

# Coice-de-boi

(2 litros)



**1 garrafa de vodca; 1 quilo de músculo; 1 pé pequeno de aipo com a rama; 3 cenouras médias; 1 cebola grande; 1 molho de salsa e cebolinha; 1 colher de sopa de molho inglês; 1 colher de chá de molho Tabasco; 3 colheres de sopa de folhinhas de hortelã fresca bem picada; sal de aipo.**

Limpe o músculo, retirando quaisquer vestígios de sebo ou gordura, lave e corte em pedaços não muito grandes. Coloque a carne em um caldeirão grande. Cubra com 3 litros de água fria. Acrescente o molho de cheiros, o aipo limpo e picado (inclusive a rama), os cravinhos, a cebola aos pedaços e 1 colher de sopa rasa de sal de aipo. Cozinhe em fogo brando, escumando de vez em quando, até que o caldo esteja reduzido à metade. Coe, pressionando os diversos ingredientes com uma colher, de modo a obter todo o suco. Forre a peneira com um guardanapo fino e umedecido e torne a coar o caldo, de modo a desengordurá-lo. Deixe esfriar completamente e repita a operação anterior. Tempere com o molho inglês, o Tabasco e prove o sal. Junte a hortelã picada e o vodca. Acondicione em garrafas e deixe de véspera na geladeira. Sirva coado e bem gelado, com um galhinho de hortelã em cada copo.

# Coquinho

(2 doses reforçadas)

**1 coco do tipo que se usa para ralar; cachaça que baste.**

Fure o coco, retire a água e substitua-a por igual quantidade de cachaça. Tampe os orifícios e deixe a mistura em infusão por 1 semana. Sirva gelado.

# Infusão de menta

(para ½ litro)

**½ litro de cachaça; 1 molho de hortelã fresca; 1 colher de sopa de açúcar.**

Pique as folhinhas de hortelã bem miúdas e misture com o açúcar e 1 copo de água, amassando. Junte a cachaça. Coloque em um recipiente que possa ser fechado e só sirva no dia seguinte, coada, e com os copos cheios de gelo picado.

# Rabo-de-galo

(2 doses)



**2 doses de aguardente; 1 dose de vermute tinto; 1 colher de sopa de caldo coado de limão; 1 colher de sobremesa de mel; gotas de angustura; 2 pedacinhos de casca de limão; 2 colheres de sopa de gelo picado.**

Bata na coqueteleira a aguardente com o vermute, o caldo de limão, o mel e o gelo. Complete com gotas de angustura. Despeje nos copos e complete com o pedacinho de casca de limão, torcido.

# Sangria

(1 litro)

**1 garrafa de vinho tinto seco; 1 garrafa de soda cristal ou club soda; 1 limão; 1 laranja; 1 maçã deliciosa; 2 colheres de sopa de açúcar; 6 cravinhos; 1 pau de canela; 1 dose de conhaque.**

Misture o vinho com o caldo de ½ laranja numa grande jarra. Acrescente ½ laranja com casca, cortada em rodelas finas, o limão com casca, também em rodelas, e a maçã em fatias. Junte o açúcar, os cravinhos, a canela, a soda, o conhaque e alguns cubos de gelo. Mexa e sirva bem gelado.

*O limão e a soda cristal podem ser substituídos por uma garrafa de soda limonada.*

# Xixi-de-anjo

(2 doses)

68 **1 dose de aguardente; 1 dose de gim; 1 dose de vodca; 1 colher de sobremesa de creme de leite; 1 colher de sopa de leite condensado; 3 colheres de sopa de gelo grosseiramente picado.**

Bata bem todos os ingredientes indicados, na coqueteleira. Sirva coado, em copos previamente gelados.

# Pratos Principais

# Arroz com mariscos

(para 6)



**250 gramas de camarões pequenos e limpos; 250 gramas de mexilhões pequenos e já cozidos; 250 gramas de vôngoles já cozidos; 250 gramas de lulas; 4 xícaras de chá de arroz; 2 copos de vinho branco seco; ½ copo de azeite; 1 cebola grande; 1 molho de salsa e cebolinha; 2 limões; 6 tomates grandes e maduros, sem peles nem sementes; 1 colher de café de grãos de coentro bem amassados; 1 colher de café rasa de pimenta-da-jamaica; sal.**

Limpe inicialmente as lulas. Os tentáculos não serão aproveitados. Lave bem as bolsas, corte em argolinhas ou tirinhas e cozinhe por 15 minutos em 1 copo de água misturado com 1 copo de vinho, sal e o molho de cheiros. Regue os camarões com caldo de 1 limão e tempere com sal. Com o caldo do outro limão, regue separadamente os mexilhões e os vôngoles, lave-os e escorra bem. Esquente o azeite e doure a cebola batidinha ou ralada. Refogue os camarões escorridos. Tempere com os grãos de coentro e com a pimenta-da-jamaica. Quando começar a secar, misture com as lulas escorridas, com os mexilhões e com os vôngoles. Junte os tomates bem amassados e 1 copo de vinho. Prove o sal e espere ferver. Acrescente então o arroz triado, lavado e escorrido. Molhe com 3 copos de água quente, mexa, tampe e cozinhe em fogo brando. O arroz deve ficar cozido e úmido, mas não empapado. Sendo necessário, acrescente um pouco mais de água quente durante o cozimento. Arrume o arroz numa travessa grande e, sendo de gosto, regue com um fio de azeite e polvilhe com 1 colher de sopa de coentro picadinho.

# Arroz com pescada e brócolis

(para 8)



**2 quilos de pescada cortada em postas; 1 limão; 1 molho grande de brócolis; 2 cebolas médias; 1 dente de alho; 6 tomates grandes e maduros, sem peles nem sementes; ½ copo de azeite; 2 colheres de sopa de coentro picado; 4 xícaras de chá de arroz; ½ colher de café de bicarbonato; sal e pimenta.**

Lave o peixe, escorra e tempere com caldo de limão e sal. Doure as cebolas batidinhas junto com o alho picado, no azeite. Coloque o peixe na panela. Espere levantar fervura. Acrescente os tomates bem amassados e o coentro. Tempere com pimenta. Abaixe o fogo e tampe. O peixe deve ficar firme. Ferva 6 xícaras de chá de água com sal e cozinhe o arroz, triado e lavado, *al dente*. Limpe o brócolis e cozinhe em bastante água com sal e o bicarbonato. Deve ficar meio durinho. Escorra e corte em pedaços não muito pequenos. Limpe o peixe de peles e espinhas e separe em lascas de bom tamanho. Misture o molho do peixe com 1 copo de água quente e passe pela peneira. Junte as lascas de peixe e o arroz, que já deve estar seco, e misture com cuidado. Tampe e termine o cozimento do arroz em fogo brando. A mistura deve ficar úmida, porém não empapada. Quando estiver no ponto, acrescente os brócolis, mexa e esquente por mais alguns minutos. Arrume numa travessa grande e regue com um fio de azeite.

# Arroz-de-Braga

(para 6)

**1 frango de cerca de 1½ quilo; 3 xícaras de chá de arroz; 1 limão; 3 tomates grandes e maduros, sem peles nem sementes; 1 molho de salsa e cebolinha; 2 talos de aipo com a rama; 3 nabos médios; 4 cenouras grandes; ½ repolho branco, dos médios; 2 bons molhos de couve; 1 cebola grande; 1 folha de louro; azeite que baste; sal e pimenta.**

Limpe o frango, corte em pedaços e lave em água com o caldo do limão. Escorra e coloque para cozinhar em 2 litros de água com os tomates, os talos de aipo, o molho de salsa e cebolinha, a cebola picada, o louro, sal e pimenta. Quando o frango estiver macio, retire do caldo, limpe de todas as peles, ossos e cartilagens e separe em lascas não muito pequenas. Coe o caldo e nele cozinhe as cenouras descascadas e cortadas em rodelas e os nabos descascados e cortados em cubos. Retire os legumes e torne a coar o caldo, que deverá render 6 xícaras de chá. Aumente pois com água se for necessário. Ferva este caldo e nele coloque o arroz triado, lavado e escorrido para cozinhar. Prove o sal. Afervente rapidamente as folhas de repolho rasgadas em pedaços não muito pequenos e escorra. Retire os talos das couves e também afervente. Logo que o arroz começar a secar, misture-o com todos os legumes e com o frango. Tampe e termine o cozimento em fogo bem brando. O arroz-de-braga deve ficar bem úmido. Arrume numa travessa, regue com azeite a gosto e polvilhe com um pouco de pimenta-preta moída na hora.

# Arroz-de-carreteiro

(para 16)



**2 quilos de charque (magro); 1½ quilo de arroz; 2 cebolas grandes; 1 molho de salsa e cebolinha; 1 molho de manjericão fresco; ½ copo de azeite; 1 colher de sopa de manteiga; 10 tomates grandes e maduros, sem peles nem sementes; 2 pimentões grandes, 1 verde e 1 vermelho, limpos e sem peles; 2 folhas de louro; sal e pimenta.**

Limpe o charque, retirando peles e todo o excesso de gordura. Pique em pedaços miúdos e bem fininhos, com a faca inclinada. Afervente rapidamente para retirar o excesso de sal. Escorra e passe por água fria, tornando a escorrer. Ferva 1½ litro de água com 1 cebola picada, o molho de salsa e cebolinha, o manjericão picado e o louro. Coloque o charque para cozinhar neste caldo. Quando a carne estiver a meio ponto do cozimento completo, escorra e reserve o caldo. Retire as folhas de louro e o molho de cheiros. Afervente o arroz triado e lavado por 5 minutos, em água e sal. Lave em água corrente e escorra bem. Esquente o azeite com a manteiga e doure 1 cebola ralada ou batidinha. Junte os tomates amassados e os pimentões em tirinhas. Refogue o charque e tempere com um pouco de pimenta. Espere frigir e molhe com um pouco do caldo que foi reservado. Quando ferver, misture com o arroz, mexa bem e cubra com caldo. Cozinhe em fogo brando, com panela tampada. Vá acrescentando mais caldo na medida do necessário, para que o charque fique bem macio e o arroz cozido e solto. O carreteiro, porém, não deve ficar excessivamente seco. Para que não empape, é inclusive necessário que depois de pronto seja imediatamente servido, enquanto está bem quente.

# Arroz-de-forno

(para 8)



**1 frango assado, de cerca de 1½ quilo (cf. a receita de "Frango assado com farofa" neste mesmo capítulo); 1 lata grande de *petit-pois*; 1 colher de sopa de manteiga; 1 cebola média; 50 gramas de toucinho defumado magro; 3 xícaras de chá cheias de arroz; 2 tabletes de caldo de galinha; 150 gramas de presunto; 2/3 de xícara de chá de azeitonas verdes picadas; 1 xícara de chá mal cheia de queijo parmesão ralado; 4 ovos; sal e pimenta.**

Desfie todo o frango em lascas miúdas, evitando ossos, peles moles e cartilagens. Ferva os 2 tabletes de caldo em 6 xícaras de chá de água e prepare o arroz, triado, lavado e escorrido, *al dente*. Deve ficar macio e bem solto. Frite o toucinho picadinho na manteiga. Quando os torresmos estiverem quase prontos, misture com a cebola batidinha e espere alourar. Junte os *petits-pois* escorridos, o presunto picadinho e o frango. Refogue e tempere com um pouco de pimenta. Acrescente então os ovos batidos como para omelete, com 2 colheres de sopa de água fria. Mexa bem até que os ovos comecem a coagular. Acrescente as azeitonas, o arroz, metade do queijo e torne a mexer bem. Acomode a mistura numa travessa e polvilhe com o restante do queijo. Leve ao forno forte e pré-aquecido, por 5 minutos.

# Bacalhau à portuguesa

(para 12)

76 **3 quilos de bacalhau; 12 cebolas médias; 12 ovos cozidos; 2 quilos de batatas; 10 molhos grandes de couve; 1 copo de azeite; 1 molho de salsa e cebolinha; 6 dentes de alho; 1 copo de vinho branco seco; 2 colheres de sopa cheias de salsa picadinha; sal e pimenta.**

Deixe o bacalhau de molho em água fria por 24 horas, tendo o cuidado de trocar três vezes esta água. Limpe então o peixe, retirando peles e espinhas, e corte em postas não muito pequenas. Ferva 2 litros de água com o vinho, o molho de salsa e cebolinha, 2 dentes de alho com a casca, 1 colher de chá de grãos de pimenta-do-reino preta e ½ copo de azeite. Cozinhe o bacalhau em fogo brando. Enquanto o bacalhau é preparado, cozinhe separadamente, em água com pouco sal, as batatas descascadas e inteiras, as cebolas e as folhas de couve sem os talos e inteiras. Retire o bacalhau com o auxílio da escumadeira, arrume numa grande travessa e mantenha em local aquecido. Cerque com batatas, cebolas, couve e ovos cozidos cortados ao meio no sentido do comprimento. Misture 3 conchas do caldo coado no qual se cozinhou o bacalhau, com ½ copo de azeite, a salsa picadinha, 4 dentes de alho também picados e tempere com pimenta. Sirva este molho em separado e regue a travessa com um fio de azeite, antes de levá-la à mesa.

# Bacalhau com feijão-branco

(para 8)

**1 quilo de bacalhau; 1 quilo de feijão-branco; 50 gramas de toucinho defumado; 2 folhas de louro; 1 cebola grande; 1 dente de alho; 6 tomates grandes e maduros, sem peles nem sementes; 2 copos de vinho branco seco; ½ copo de azeite; 2 colheres de sopa de salsa picada; sal e pimenta.**

Deixe o bacalhau de molho em água fria de véspera, tendo o cuidado de trocar três vezes esta água. Limpe então o peixe de peles e espinhas e corte em pedaços regulares e não muito pequenos. Cozinhe o feijão, triado e lavado, em água com o toucinho e o louro. Doure a cebola batidinha no azeite, do qual se reservou uma colher de sopa. Refogue o bacalhau. Misture com os tomates bem amassados, tempere com pimenta e molhe com o vinho. Espere ferver e deixe então cozinhando em fogo brando com panela tampada, até obter um molho espesso. Quando o feijão estiver cozido, porém com os grãos inteiros e praticamente sem caldo, retire o toucinho e o louro. Doure o alho amassado em 1 colher de sopa de azeite e tempere os grãos. Junte um pouco de sal e despeje numa travessa funda. Cubra com o bacalhau no molho. Polvilhe com a salsinha e sirva com arroz branco e solto.

# Bacalhau com grão-de-bico

(para 8)

78 **1 quilo de bacalhau; 1 quilo de grão-de-bico; ½ copo de azeite; 2 colheres de sopa de salsa picada; 1 cebola grande; 6 tomates grandes e maduros, sem peles nem sementes; 1 copo de vinho branco seco; 1 dente de alho; 1 folha de louro; 2 claras; sal e pimenta.**

Deixe o bacalhau de molho em água fria de véspera, tendo o cuidado de trocar três vezes a água. Coloque também o grão-de-bico de molho em água fria de véspera. Limpe o bacalhau de peles e espinhas e separe em pequenas lascas. Doure a cebola batidinha e ralada em metade do azeite. Refogue o bacalhau. Misture com os tomates amassados, com a salsa e tempere com pimenta. Molhe com o vinho, mexa e cozinhe em fogo brando, panela tampada, até que o bacalhau fique praticamente sem molho. Cozinhe o grão-de-bico sem cascas em água com um pouco de sal e o louro. Deve ficar bem cozido, se desmanchando e sem caldo. Retire o louro e passe pela peneira. Doure o alho amassado no restante do azeite e tempere o grão-de-bico. Espere esfriar e misture com as claras batidas em neve firme. Arrume numa travessa metade do bacalhau. Cubra com metade do purê. Coloque o restante do bacalhau e do grão-de-bico. Leve ao forno quente e pré-aquecido, por cerca de 30 minutos.

# Bifes de panela com petit-pois

(para 6)



**1 quilo de alcatra; 1 lata grande de *petits-pois;* 100 gramas de toucinho defumado magro; 1 cebola grande; 1 dente de alho; 1 folha de louro; 6 tomates grandes e maduros, sem peles nem sementes; 1 colher de sopa de óleo; 1 colher de sopa de puro purê de tomates; 3 cenouras médias; 2 talos de aipo limpos e sem a rama; apenas a parte branca de 1 alho-poró; sal e pimenta.**

Limpe a carne retirando qualquer vestígio de sebo ou gordura e não lave. Corte a carne em escalopes finos, tamanho médio. Termine de afinar os bifes com o auxílio de um batedor, com cuidado para não rompê-los. Tempere com sal e pimenta. Pique o toucinho e frite no óleo. Quando os torresmos estiverem quase prontos, misture com a cebola batidinha e com o alho picado. Junte o alho-poró cortado em rodelas bem finas e o aipo picadinho. Refogue os bifes até que comecem a frigir, tendo o cuidado de abri-los com o garfo para que não enrolem. Quando estiverem tostando, misture com as cenouras descascadas e cortadas em rodelas grossas, com os tomates bem amassados e com o puro purê. Prove o sal, junte o louro e tempere com um pouco mais de pimenta. Molhe com 1 copo de água, espere ferver e depois cozinhe em fogo brando, panela tampada. Acrescente os *petit-pois* escorridos quando a carne estiver macia e o molho grosso. Esquente por mais 10 minutos. Sirva com arroz branco solto.

# Bifes rolês com purê de batatas

(para 6)

**1 quilo de alcatra ou chã-de-dentro; 2 colheres de sopa de óleo; 200 gramas de toucinho defumado magro; 1 cebola grande; 1 folha de louro; 1 dente de alho; 6 tomates grandes e maduros, sem peles nem sementes; 1 colher de sopa de puro purê; 1 colher de café de molho inglês; ½ colher de café de tomilho; sal e pimenta.**
**Para o purê: 2 quilos de batatas; 1 colher de sopa cheia de manteiga; 2/3 de um copo de leite; 2 gemas; 2 colheres de sopa de queijo parmesão ralado; ½ colher de café de noz-moscada (opcional).**

Limpe a carne retirando qualquer vestígio de sebo ou gordura, não lave e corte em escalopes de tamanho médio. Acabe de afinar os bifes com o auxílio de um batedor e com cuidado para que não se rompam. Tempere com sal e pimenta. Corte o toucinho em bastões, em número igual aos bifes. Coloque um pedaço de toucinho no centro de cada escalope, enrole e fixe com um palito. Doure a cebola batidinha no óleo. Junte o alho picado e espere alourar. Refogue os enrolados até que comecem a frigir e tostar. Misture com os tomates amassados e com o puro purê. Molhe com 2 copos de água quente e tempere com o louro, o tomilho e o molho inglês. Cozinhe em fogo brando, panela tampada, até que a carne esteja macia e o molho espesso e escuro. Enquanto a carne está sendo preparada, descasque as batatas e cozinhe em água e sal. Escorra e passe pelo espremedor enquanto estão quentes. Misture com a manteiga, o leite, as gemas, o queijo e a noz-moscada. Bata bem e esquente em fogo brando. Arrume os bifes rolês no centro de uma travessa e cerque com o purê. Cubra apenas os bifes com o molho. 

*Sendo de gosto, complete o recheio dos rolês com um pequeno bastão de cenoura ou aipo.*

# Bolo de batata com carne

(para 6)



**1 quilo de carne moída; 1 limão; 1 cebola média; 1 dente de alho; 1 folha de louro; 2 colheres de sopa de puro purê de tomates; 2 colheres de sopa de óleo; 2 ovos cozidos; ½ xícara de chá de azeitonas pretas picadas; 2 quilos de batatas; ½ copo de leite; 1 colher de sopa de manteiga; 2 gemas; 2 colheres de sopa cheias de queijo parmesão ralado.**

Cozinhe as batatas descascadas em água com sal, escorra e passe pelo espremedor enquanto estão quentes. Misture com a manteiga e com o leite, bata bem e reserve. Tempere a carne com o caldo do limão, sal e pimenta. Doure a cebola batidinha e o alho picado no óleo. Refogue a carne, tendo o cuidado de soltá-la com o garfo para que não empelote. Quando a carne estiver frigindo, misture com o louro e com o puro purê. Deixe em fogo brando por 10 minutos. Acrescente então as azeitonas e os ovos picados. Retire o louro e despeje a carne numa fôrma refratária redonda. Cubra com o purê. Pincele com as 2 gemas desmanchadas em 1 colher de sopa de água fria. Arrepie com o garfo, polvilhe com o queijo e leve ao forno regular e pré-aquecido, até que o bolo esteja dourado.

# Caldo verde

(para 8)



**1 quilo de batatas; 1 chouriço grande, do tipo português (na falta, use paios); 4 tabletes de caldo de carne; 1 cebola grande; 4 bons molhos de couve; sal e pimenta.**

Cozinhe as batatas descascadas, junto com a cebola em rodelas e os tabletes de caldo, em 2½ litros de água. Quando os legumes estiverem bem cozidos, passe primeiro pelo liquidificador e depois pela peneira. Leve ao fogo brando e escume quando ferver. Prove o sal e tempere com pimenta. Corte a couve bem fininha, à moda mineira, e misture com o caldo, mexendo com o garfo para que fique soltinha. A couve não deve cozinhar demais, para que fique bem verde, e o caldo não deve ser muito grosso. Afervente rapidamente o chouriço e corte em rodelas finas. Misture com o caldo e sirva bem quente.

*Sendo de gosto acompanhe o caldo verde com cebolas bem picadinhas. O chouriço (ou paios) flambado em aguardente fica bem mais saboroso.*

# Cabrito à caçadora

(para 10)

84 **3 quilos de cabrito; 2 limões.**
**Para a vinha-d'alhos: 1 garrafa de vinho branco seco; 2 folhas de louro; 1 cebola grande; 1 dente de alho; 1 colher de chá de alfavaca.**
**Para o refogado: 250 gramas de toucinho defumado magro; 1 cebola grande; 1 dente de alho; ½ copo de óleo; ½ copo de conhaque; 6 tomates grandes e maduros, sem peles nem sementes; 2 colheres de sopa não muito cheias de farinha de trigo; sal e pimenta.**
**Para a guarnição: 6 cenouras grandes; 1 molho de cebolinhas brancas e frescas; 2 latas de *petit-pois*, das grandes.**

Limpe bem o cabrito e lave em água com o caldo dos limões. Corte em pedaços e coloque de molho de véspera na vinha-d'alhos preparada com o vinho, o louro, a cebola e o alho picado, a alfavaca, sal e pimenta. Pique o toucinho em bastões e coloque de molho no conhaque. Esquente o óleo e frite o toucinho escorrido. Quando os torresmos estiverem quase prontos, misture com a cebola batidinha e com o alho picado e espere dourar. Refogue os pedaços de cabrito escorridos, até que estejam tostados. Molhe com o conhaque do toucinho e flambe. Polvilhe com a farinha de trigo e espere tostar mais um pouco. Misture com os tomates amassados e com a vinha-d'alhos fervida e coada. Mexa bem, prove o sal e a pimenta. Espere ferver, abaixe o fogo e cozinhe com panela tampada até que o cabrito comece a amaciar. Misture-o então com as cebolinhas limpas e inteiras e com as cenouras descascadas e cortadas em rodelas grossas. Acrescente um pouco de água, se julgar que o molho está muito grosso, e termine o cozimento da carne, sempre em fogo brando. Quando o cabrito estiver no ponto, prove o sal e a pimenta e misture com os *petits pois* escorridos. Deixe esquentar e sirva com arroz branco solto.

# Camarão com chuchu

(para 4)

86 **750 gramas de camarões miúdos e limpos; 1½ quilo de chuchu; 1 limão; 1 cebola média; 1 dente pequeno de alho; 1 pimentinha-malagueta (opcional); 4 colheres de sopa de azeite; 1 colher de sopa cheia de coentro picado; 1 colher de sopa de salsa picadinha; 3 tomates grandes e maduros, sem peles nem sementes; sal e pimenta.**

Lave os camarões e tempere com caldo de limão, sal, pimenta-do-reino e coentro. Doure a cebola batidinha e o alho picado no azeite. Refogue os camarões. Quando levantar fervura, misture com os tomates bem amassados e com os chuchus descascados, limpos, lavados e cortados em cubinhos. Molhe com 1 copo de água quente, tempere com a malagueta esmagada, prove o sal, mexa bem e cozinhe em fogo brando por 20 minutos, em panela tampada. Misture com a salsinha no momento de servir. Arroz branco e solto para acompanhar.

# Canja especial

(para 8)



**1 frango de cerca de 1½ quilo; 1 xícara de chá cheia de arroz agulha cozido *al dente* em água e sal, lavado e escorrido; 4 tomates grandes e maduros, sem peles nem sementes; 1 cebola grande; 1 molho de salsa e cebolinha; 1 folha pequena de louro; 4 cenouras médias; 3 nabos pequenos; 3 batatas médias; 2 talos de aipo com a rama; 1 pé de alho-poró; 4 colheres de sopa de azeite; 1 molho de hortelã fresca; sal e pimenta.**

Limpe o frango, lave e corte em pedaços. Regue com o caldo de limão e torne a lavar. Ferva 3 litros de água com os tomates e a cebola picados, o molho de salsa e cebolinha, o louro, o aipo e o poró limpos, 1 colher de sopa de azeite e sal a gosto. Cozinhe os pedaços de frango até que estejam macios. Separadamente, afervente em água e sal as cenouras descascadas e cortadas em rodelas não muito finas, os nabos descascados e cortados em cubinhos e as batatas descascadas e cortadas em pedaços regulares. Reserve. Retire o frango já cozido do caldo e separe em lascas grandes, sem peles, ossos ou cartilagens. Coe o caldo, apertando os legumes com a colher, para extrair todo o suco. Misture o caldo com o frango, o arroz, as cenouras e os nabos e cozinhe por mais 15 minutos escumando-o de vez em quando. Por último, acrescente as batatas. Pique as folhas de hortelã bem miudinhas, misture com o restante do azeite e coloque na sopeira. Despeje a canja fervente sobre esta mistura, polvilhe com um pouquinho de pimenta, tampe e sirva com pão torrado.

# Canjiquinha à mineira

(para 6)



**½ quilo de canjiquinha; 1 quilo de costelas de porco, frescas; 1 dente de alho; 1 cebola média; 50 gramas de toucinho defumado; 1 limão; 1 colher de sopa de salsa picada; 1 colher de sopa de cebolinha verde picada; 1 folha pequena de louro; 2 tomates grandes e maduros, sem peles nem sementes; 2 colheres de sopa de óleo; sal e pimenta.**

Lave as costelinhas e tempere com caldo de limão, sal e pimenta. Pique o toucinho e frite no óleo. Quando os torresmos estiverem quase prontos, junte a cebola batidinha e o alho picado e espere alourar. Refogue a carne escorrida até que comece a frigir. Misture com os tomates amassados, o louro, a salsa, a cebolinha e a canjiquinha triada e lavada. Mexa bem, prove o sal e a pimenta e molhe com água que dê para cobrir. Cozinhe em fogo regular com panela tampada, até que tudo esteja macio. Junte mais água durante o cozimento, se julgar necessário. Passe a canjiquinha para uma panela de barro e termine o cozimento em forno regular.

# Carne assada ao molho de ferrugem com coradas

(para 10)



**3 quilos de lagarto redondo; 1 copo de vinagre de vinho; 1 colher de sopa de açúcar; 1 colher de chá rasa de louro em pó; 1 cebola grande ralada; 1 dente de alho; 100 gramas de toucinho defumado magro; 1 colher de sopa de óleo; 2 quilos de batatinhas; óleo para a fritura; sal e pimenta.**

Limpe a carne retirando eventuais capas de gordura ou sebo e não lave. Prepare uma espécie de pomada com a cebola ralada, o vinagre, louro, sal e pimenta. Esfregue toda a carne com essa mistura e deixe tomar gosto por 15 minutos. Derreta o açúcar numa caçarola limpa e seca, até que esteja cor de caramelo. Coloque a carne escorrida na panela e vá tostando em fogo regular até que o peso adquira uma cor uniforme. Desmanche o vinagre temperado em 1 copo de água e despeje sobre a carne. Mexa bem, espere ferver e abaixe o fogo. Separadamente, frite o toucinho picado em 1 colher de sopa de óleo. Quando os torresmos estiverem quase prontos, misture com o alho esmagado e espere alourar. Despeje a mistura e sua gordura na panela da carne. Deixe cozinhar por cerca de 2 horas, acrescentando mais água quente na medida do necessário. O molho deve ficar espesso e escuro. Cozinhe as batatinhas com casca, em água e sal. Passe por água fria, escorra e descasque. Frite em óleo fervente até que estejam coradas e escorra em papel absorvente. Corte o assado em fatias e arrume no centro da travessa, recompondo o formato do peso. Cerque com as batatinhas. Cubra a carne com o molho quente e polvilhe com um pouco mais de pimenta moída na hora.

# Carne-seca desfiada com tutu

(para 6)



**1 quilo de carne-seca; 1 cebola média; 2 pimentões médios, 1 verde e 1 vermelho; 1 colher de sopa de cebolinha verde picada; 1 colher de sopa de salsa picadinha; 1 folha de louro; 1 molho de salsa e cebolinha; 1 pimentinha-malagueta; óleo para a fritura; sal e pimenta.**
**Para o tutu: cerca de 3 xícaras de chá de farinha de mesa; 100 gramas de toucinho defumado magro; 1 dente de alho; 6 xícaras de chá de feijão-preto caseiro, grãos e caldo em partes iguais (cf. o capítulo "Acompanhamentos").**

Limpe a carne, retirando qualquer excesso de gordura, lave e deixe de molho de véspera. A água deve ser trocada duas vezes. Ferva 1 litro de água com o louro e o molho de salsa e cebolinha e afervente a carne cortada em pedaços grandes por 20 minutos. Escorra, reserve 1 concha do caldo coado e desfie toda a carne. Reserve. Corte os pimentões limpos e sem sementes em tiras não muito finas e frite em 4 colheres de sopa de óleo. Retire e escorra em papel absorvente. Nesta mesma fritura, doure a cebola batidinha e refogue a carne desfiada. Prove o sal e tempere com um pouco de pimenta e com a malagueta esmagada. Deixe em fogo brando até que seque e comece a frigir. Misture então com a salsa e a cebolinha. Pique o toucinho e frite em 1 colher de sopa de óleo até obter torresmos. Retire e escorra em papel absorvente. Doure o alho esmagado na fritura do toucinho e torne a temperar o feijão, grãos e caldo. Junte a concha da água de cozimento da carne e prove o sal. Vá despejando a farinha de mesa em chuva, sempre mexendo com colher de pau, até obter um tutu não muito duro. Misture com os torresmos e despeje numa travessa. Cerque com a desfiada e guarneça com os pimentões fritos. Sirva com arroz branco e molho de pimenta (cf. o capítulo "Acompanhamentos").



*Há quem prefira, depois da carne desfiada, fritá-la simplesmente em banha de porco até que esteja bem tostada.*

# Carne-seca frita com pirão de farinha e maxixes

(para 8)



**1 quilo de carne-seca; 2 folhas de louro; 2 cebolas médias; 2 pimentas-malaguetas; 2 colheres de sopa cheias de banha; 1 molho de salsa e cebolinha.**
**Para o pirão: 3 xícaras de chá de farinha de mesa crua.**
**Para a maxixada: 1 quilo de maxixes; 1 dente de alho; 1 colher de sopa da fritura da carne-seca; 1 colher de sopa de coentro picado; 2 tomates grandes e maduros, sem peles nem sementes; 1 cebola pequena; sal e pimenta.**

Limpe a carne, lave e deixe de molho de véspera. A água deve ser trocada duas vezes. No dia seguinte, escorra a carne, corte em pedaços grandes e cubra com 2 litros de água. Misture com 1 cebola picada, o louro, o molho de salsa e cebolinha, as malaguetas esmagadas, e afervente por 40 minutos. Retire os pedaços de carne, coe o caldo e reserve. Desfie toda a carne. Doure 1 cebola batidinha na banha e frite bem a carne. Misture 6 xícaras do caldo em que foi preparada a carne com a farinha de mesa, despejando-a pouco a pouco, e engrosse em fogo brando, mexendo com colher de pau até obter um pirão não muito duro. Lave os maxixes, retire o rabinho e corte em rodelas não muito finas. Esquente 1 colher de sopa da fritura da carne com um pouco mais de banha, se necessário, e doure a cebola batidinha e o alho picado. Refogue os maxixes e tempere com sal e pimenta. Misture com o coentro e com os tomates amassados, tampe e deixe em fogo regular por 15 minutos. Não leva água. Despeje o pirão bem quente numa travessa grande. Cubra com a carne frita e cerque com os maxixes ensopados.

# Charutinhos de repolho com carne

(para 4)

**12 folhas bem grandes de repolho branco; ½ quilo de carne moída; 2 colheres de sopa cheias de arroz cru, triado e lavado; 1 cebola média ralada; 1 cenoura média ralada fino (opcional); 1 colher de sopa de caldo coado de limão.**
**Para o molho: 1 quilo de tomates grandes e maduros, sem sementes; 2 cebolas médias; 1 dente de alho; 1 folha de louro; ½ lata de puro purê de tomates; sal e pimenta.**

Prepare inicialmente o molho, fervendo os tomates e as cebolas picados, com o alho, o louro, sal, 4 copos de água e o puro purê. Quando os legumes estiverem macios, retire o louro e passe o molho primeiro pelo liquidificador e depois pela peneira. Escume e prove o sal. Deve-se obter não menos de 2 copos de molho espesso. Misture a carne moída com o caldo de limão e tempere com sal e pimenta. Acrescente o arroz cru, a cebola e a cenoura raladas. Mexa bem, de modo a obter uma massa uniforme. Escalde as folhas de repolho em água fervente com sal, por 3 minutos. Escorra e seque sobre um guardanapo. Coloque uma porção de recheio em cada folha, enrole e dobre as extremidades, para fechar os charutos. Arrume-os bem juntos numa caçarola grande e pouco funda. Cubra com o molho de tomates e água que baste. Espere ferver, tampe, abaixe bem o fogo e deixe cozinhar por 45 minutos. Arrume os charutos numa travessa, cubra com o próprio molho e leve ao forno forte para dourar por cerca de 15 minutos. Acrescente um pouco mais de água, se necessário, para que o molho não seque. Sirva com arroz branco e solto, ou com arroz de lentilhas se preferir (cf. o capítulo "Acompanhamentos").

# Chispe com feijão-branco

(para 6)

94 **6 pés de porco salgados; ½ quilo de feijão-branco; 100 gramas de toucinho defumado; 3 folhas de louro; 3 cenouras médias; 1 cebola grande; 8 cravinhos; 2 talos de aipo com a rama; apenas a parte branca de 1 pé de alho-poró; 2 dentes de alho; 1 molho de salsa e cebolinha; 1 paio; 2 colheres de sopa de óleo; sal e pimenta.**

Lave os pezinhos de porco cortados ao meio no sentido do comprimento, para retirar o sal. Coloque de molho de véspera. A água deve ser trocada duas vezes. Escorra os mocotós e amarre para que não soltem dos ossos. Ferva 3 litros de água com os cravinhos, 1 colher de chá de grãos de pimenta-preta, 2 folhas de louro, a cebola picada, o poró e o aipo limpos e grosseiramente picados, as cenouras descascadas e cortadas em pedaços grandes e o molho de salsa e cebolinha. Cozinhe os pezinhos neste caldo por 1 hora. Retire, desamarre e coe o caldo. Ferva metade deste caldo com igual quantidade de água, o toucinho, o paio escaldado e o feijão triado e lavado. Prove o sal, junte 1 folha de louro, coloque os pezinhos no caldeirão e cozinhe tudo por cerca de 2 horas. O feijão não deve se desmanchar. Retire o toucinho e o paio e corte em fatias finas. Esquente o óleo, doure o alho amassado e tempere o feijão. Deixe no fogo por mais 10 minutos. Despeje numa grande terrina e guarneça com o toucinho e o paio. Polvilhe com a salsinha e sirva bem quente, com arroz branco e solto.

*No caso de utilizar pezinhos frescos, lave-os em água com vinagre. Não será necessário deixá-los de molho de véspera. Aproveite inclusive o que sobrar do caldo do cozimento, para preparar a batida de mocotó (cf. o capítulo "Aperitivos").*

# Carne-de-sol com feijão-de-leite

(para 6)



**1 quilo de carne-de-sol; 1 cebola grande; 2 colheres de sopa cheias de coentro picadinho; 1 dente de alho; 2 colheres de sopa de vinagre; 1 colher de sopa de banha de porco; sal e pimenta.**
**Para o feijão: 1 quilo de feijão-fradinho; 1 garrafinha de leite de coco; 1 cebola média; 1 dente de alho; 1 folha de louro; 1 colher de sopa de óleo.**

Escalde a carne-de-sol por 15 minutos para assim retirar o excesso de sal. Escorra, lave, limpe e corte bem miudinha. Tempere com o vinagre, o coentro e um pouco de pimenta. Doure a cebola grande ralada na banha. Junte o alho amassado e espere alourar. Refogue a carne junto com os temperos em que tomou gosto, até que comece a fritar. Molhe com 2 copos de água quente e cozinhe em fogo brando com panela tampada, até que esteja macia e quase sem caldo. Cozinhe o feijão triado e lavado em água com sal e o louro. Os grãos devem ficar macios, inteiros e praticamente sem caldo. Amasse-os grosseiramente, depois de retirar o louro. Refogue a cebola ralada no óleo, junte com o alho amassado e tempere o feijão. Prove o sal, misture com o leite de coco, bata e cozinhe por mais 10 minutos. Além deste feijão, sirva a carne-de-sol refogada com arroz branco solto e molho de pimenta (cf. o capítulo "Acompanhamentos").

# Costeletas de porco com tutu e couve à mineira

(para 4)

**8 costeletas de porco grandes e não muito grossas; 1 limão; 4 xícaras de chá de feijão-preto à moda caseira, grãos e caldo em partes iguais (cf. o capítulo "Acompanhamentos"); 2 ovos cozidos; 6 bons molhos de couve; 100 gramas de toucinho defumado magro; 3 dentes de alho; 1 cebola pequena; 1 colher de sopa de salsa picada; farinha de mesa que baste; óleo que baste; sal e pimenta.**

Limpe as costeletas, tendo o cuidado de retirar a medula e raspar os ossos com faca afiada. Lave bem e tempere com caldo de limão, sal e pimenta. Deixe tomar gosto por 15 minutos. Doure a cebola ralada ou batidinha junto com 1 dente de alho amassado em 1 colher de sopa de óleo e torne a temperar o feijão. Prove o sal e vá despejando a farinha de mesa em chuva, até obter um tutu não muito duro. Misture com a salsinha, despeje numa travessa e mantenha em local aquecido. Escorra as costeletas e frite em boa quantidade de óleo. Devem ficar bem tostadas e completamente cozidas. Arrume-as sobre o tutu. Pique o toucinho e prepare torresmos na fritura das costeletas. Retire e escorra em papel absorvente. Doure 2 dentes de alho picadinhos em 3 colheres de sopa da fritura e refogue a couve sem os talos e cortada bem fininha. Mexa com o garfo para que fique soltinha e espere que toda a água evapore. Arrume numa travessa, cubra com os torresmos e com rodelas de ovos cozidos.

# Cozido à brasileira

(para 30)



Para os legumes: 6 cebolas grandes; 1 quilo de quiabos pequenos e inteiros, sem as pontas; 1 repolho branco médio, cortado em 4; 8 molhos de couve, sem os talos; 8 cenouras médias, descascadas e cortadas aos pedaços; 8 pés de alho-poró, não muito grossos e cortados onde a rama começa a ficar muito fibrosa; 4 chuchus, descascados, limpos e cortados em 4; 6 nabos médios, descascados e cortados em 4; 1 quilo de abóbora vermelha, descascada e cortada em quadrados grandes; 1 quilo de aipim, descascado, cortado em pedaços e cozido separadamente em água e sal; 4 batatas-doces médias, descascadas e cozidas separadamente em água e sal; 12 maxixes; 8 bananas-da-terra, previamente cozidas e cortadas em pedaços grandes; 1½ quilo de batatas médias, descascadas e cozidas separadamente em água e sal e depois cortadas ao meio; ½ quilo de vagens-macarrão, limpas e cortadas aos pedaços; 4 abobrinhas médias, com a casca e cortadas em pedaços grandes; 250 gramas de ervilhas limpas; 1 couve-flor pequena, cozida separadamente e *al dente*.

Para as carnes: ½ quilo de carne de peito, magra e limpa; 250 gramas de músculo limpo; 200 gramas de toucinho defumado magro; 300 gramas de costelas defumadas; 300 gramas de lombo de porco, salgado, lavado e aferventado; 250 gramas de lingüiça fina; 250 gramas de lingüiça de porco grossa e fresca; 2 paios; 1 chouriço; 1 rabada pequena, sem sebo ou gorduras; 1 língua pequena defumada, aferventada e descascada; 1 quilo de lombinho de porco fresco; 2 salsichões; 1 cebola grande; 2 dentes de alho; 6 tomates grandes e maduros, sem peles nem sementes; 4 colheres de sopa

**de óleo; 2 folhas de louro; 1 molho de salsa e cebolinha; sal e pimenta.**
**Para os acompanhamentos: 1 quilo de farinha de mesa fina e levemente tostada; 1 colher de café de caldo de pimenta-malagueta; 12 ovos cozidos; 3 xícaras de chá de grão-de-bico ou favas, cozidos em água e sal, firmes e bem escorridos; 3 pimentões grandes, 2 verdes e 1 vermelho, limpos, aferventados e cortados em tiras; 1 porção de molho de pimenta (cf. o capítulo "Acompanhamentos").**

Prepare inicialmente as carnes. Doure 1 cebola batidinha no óleo, junte o alho picado e os tomates amassados. Refogue a rabada cortada em nós, o músculo e a língua defumada. Tempere com um pouco de sal e pimenta, junte o molho de cheiros, o louro, cubra com água quente e deixe ferver por 30 minutos. Coloque então na panela a carne de porco salgada cortada em cubos grandes, o toucinho e as costelas defumadas. Torne a cobrir com água quente. Após mais 45 minutos de cozimento, junte a carne de peito, os paios e mais água que dê para cobrir. Deixe ferver por mais 30 minutos. Acrescente o lombinho de porco fresco cortado em pedaços grandes, as lingüiças, o chouriço e os salsichões. Escume repetidas vezes durante o cozimento. As carnes devem estar sempre cobertas com água quente, pois é neste caldo que serão preparados os legumes. Quando as carnes estiverem quase macias, retire o músculo, a rabada, a língua e o peito para outra panela, cubra com o caldo do próprio cozimento e junte as cenouras e os nabos. Deixe cozinhar um pouco e junte o toucinho, os paios, os salsichões, o chouriço, o porco salgado, os maxixes e as vagens-macarrão. Acrescente o repolho e torne a cobrir com caldo e mais água, se necessário. Deixe ferver. Reparta então o conteúdo desta panela por mais um ou dois outros caldeirões e vá distribuindo pela ordem, pois os pontos de cozimento diferem: as cebolas, os porós, as ervilhas, a couve, o quiabo, a abóbora, a abobrinha e o chuchu. À medida que um tipo de legume ficar cozido, retire e reserve. Quando todos estiverem prontos, acrescente o aipim ao caldo, a batata-doce, a batata-inglesa, a couve-flor em buquês grandes e a banana. Prove o sal, espere ferver e reserve. Misture 1 concha do caldo do cozido ao molho de pimentas. Retire praticamente todo o caldo do cozido, coe, tempere com o caldo de malagueta e leve ao fogo brando. Misture com a farinha de mesa despejada em chuva, mexendo com colher de pau até obter um pirão cozido e não muito duro. Bata com colher de pau para que fique fofo e transparente. Arrume as carnes cortadas em pedaços regulares e agrupadas segundo o tipo numa travessa. Em outra, disponha os legumes segundo o tipo. Complete esta travessa de legumes com o grão-de-bico ou as favas. Numa terceira travessa, arrume o pirão e cerque com metades de ovos cozidos e tiras de pimentão. Sirva o molho de pimenta em separado.

# Dobradinha à moda

(para 6)



**½ quilo de tripas; ½ quilo de bucho; 1 colher de sopa bem cheia de banha de porco; 2 dentes de alho; 1 cebola grande; 1 folha de louro; 2 limões; 1 colher de sopa de vinagre; 6 tomates grandes e maduros, sem peles nem sementes; 1 colher de sopa de puro purê de tomates; 1 paio grande; 1 cálice de aguardente velha; ½ quilo de feijão branco cozido em água e sal e sem caldo, com os grãos macios e inteiros; sal e pimenta.**

Limpe e lave bem as tripas e o bucho e deixe de molho por 1 hora em água fria com o caldo de 1 limão. Escorra, torne a lavar e corte tudo em quadradinhos. Regue com o caldo de 1 limão, tempere com sal e pimenta e deixe tomar gosto por 10 minutos. Esquente a banha e doure a cebola batidinha e o alho picado. Junte a dobradinha escorrida e refogue até que comece a fritar. Molhe com a aguardente e flambe. Misture com os tomates amassados, o puro purê e o louro. Cubra com água quente e acrescente o vinagre. Espere ferver, abaixe o fogo, tampe e cozinhe em fogo brando. Vá juntando mais água na medida do necessário. Quando a dobradinha estiver quase no ponto, prove o sal e a pimenta e misture com o paio escaldado e cortado em rodelas finas. Acrescente o feijão e mexa bem. Deixe cozinhar por mais 15 minutos. O molho final deve ser bem espesso. Sirva com arroz branco e solto.

# Ensopadinho de carne com quiabo

(para 6)

102 **1 quilo de chã-de-dentro ou alcatra; 1½ quilo de quiabos pequenos e tenros; 1 cebola grande; 2 dentes de alho; 6 tomates grandes e maduros, sem peles nem sementes; 1 colher de sobremesa de puro purê de tomates; 1 limão; 1 colher de sopa de vinagre; 4 colheres de sopa de óleo; sal e pimenta.**

Limpe a carne, retirando quaisquer vestígios de sebo ou gordura, e não lave. Corte em pedacinhos, com a ajuda de uma faca afiada. Tempere com caldo de limão, sal e pimenta. Doure metade da cebola batidinha em 2 colheres de sopa de óleo. Junte 1 dente de alho picado, espere alourar e refogue a carne. Quando começar a frigir, espere que toste um pouco e misture com os tomates amassados, com um copo de água quente e com o puro purê. Mexa, prove o sal e a pimenta e cozinhe em fogo brando com a panela tampada, até que a carne esteja macia e o molho espesso. Durante o cozimento, acrescente um pouco mais de água se julgar necessário. Em outra panela, doure o restante da cebola batidinha em 2 colheres de sopa de óleo, junto com 1 dente de alho picado. Lave os quiabos, enxugue, suprima as extremidades e, com uma faca sempre limpa e seca, corte em rodelinhas. Refogue os quiabos e, quando começarem a frigir, tempere com sal e misture com o vinagre, para cortar a baba. Mexa bem, molhe com 1 copo de água quente e espere ferver. Misture então os quiabos com o picadinho, torne a mexer e deixe em fogo brando por mais 15 minutos. Sirva com arroz branco solto e com um pouco de farinha de mesa tostadinha.

# Ensopadinho de repolho com charque

(para 6)



**1 repolho branco grande; 1 quilo de charque; 6 tomates grandes e maduros, sem peles nem sementes; 1 cebola grande; 2 dentes de alho; 1 pimentão verde grande; 1 colher de sopa de manjericão fresco picado; 1 colher de sobremesa de banha de porco; 100 gramas de toucinho defumado magro; sal e pimenta.**

Limpe a carne, retirando qualquer excesso de gordura, lave e deixe de molho de véspera em água fria, que deverá ser trocada duas vezes. No dia seguinte, escorra a carne e pique bem miudinha. Frite o toucinho picadinho na banha. Quando os torresmos estiverem quase prontos, misture com a cebola batidinha e com os alhos picados e espere alourar. Refogue a carne até que comece a frigir. Misture com os tomates bem amassados, com o pimentão cortado em tirinhas, tempere com pimenta e molhe com ½ litro de água quente. Cozinhe por 40 minutos, até que a carne esteja quase macia. Prove o sal. Destaque as folhas do repolho, lave e suprima a parte mais grossa da nervura central. Corte todo o repolho bem fininho. Misture com a carne, mexa bem, molhe com 2 copos de água quente e deixe em fogo brando por mais 30 minutos. Misture então com o manjericão e sirva com arroz branco e solto.

# Espaguete com bracholas

(para 6)

104 **½ quilo de espaguete; 1 quilo de alcatra; 200 gramas de presunto; 3 ovos; 2 colheres de sopa de salsa picadinha; 1 cebola grande ralada; 1 limão; 1 colher de sopa de manteiga; 3 colheres de sopa de óleo; 1 folha de louro; ½ lata de puro purê de tomates; 1 xícara de chá de queijo parmesão ralado; sal e pimenta.**

Limpe a carne, suprimindo qualquer vestígio de sebo ou gordura, e não lave. Corte em bifes finos e de tamanho médio. Afine os escalopes com a ajuda de um batedor, com cuidado para que a carne não se rompa. Tempere com caldo de limão, sal e pimenta. Esquente a manteiga e faça os ovos mexidos em ponto mole. Tempere com sal e pimenta e misture com o presunto picadinho, com a salsa e com 1 colher de sopa de parmesão. Escorra os bifes e coloque um pouco de recheio no centro de cada um. Dobre os lados para dentro, enrole e fixe com um palito. Doure a cebola em 2 colheres de sopa de óleo e refogue as bracholas até que estejam tostadas. Misture com o puro purê, molhe com ½ litro de água quente e cozinhe em fogo regular até que a carne esteja macia. Deve-se obter uma boa quantidade de molho espesso. Acrescente portanto mais água durante o cozimento, se julgar necessário. Cozinhe o espaguete *al dente*, em bastante água com sal, o louro e 1 colher de sopa de óleo. Quando estiver pronto, retire do fogo, misture com 1 copo de água fria e escorra bem. Arrume o espaguete numa grande travessa, cubra com as bracholas no molho e sirva o parmesão em separado.

# Feijão-tropeiro

(para 12)



**1 quilo de feijão-roxinho; 2 dentes de alho; 1 folha de louro; 1 cebola média; 250 gramas de toucinho defumado; 750 gramas de lingüiça de porco fresca; 1 colher de sopa de banha de porco; 12 ovos; 1 quilo de farinha de mesa tostadinha; sal.**

Coloque o feijão triado e lavado para cozinhar em bastante água com pouco sal e o louro. Quando os grãos estiverem bem macios, porém inteiros, escorra o feijão. Pique o toucinho em bastões pequenos e frite na banha. Retire os torresmos. Na gordura que se formou, frite a lingüiça cortada em pedaços de cerca de 3 centímetros. Reserve junto com os torresmos. Separe 3 colheres de sopa da gordura das frituras e doure a cebola batidinha e o alho picado. Tempere os grãos de feijão e misture com os torresmos e a lingüiça. Bata os ovos como para omelete, com uma pitada de sal e 4 colheres de sopa de água. Despeje em 3 colheres de sopa da gordura das frituras, que deve estar quente, e bata com o garfo até que comecem a coagular. Vá juntando aos poucos a farinha, sempre mexendo. Acrescente então o feijão com os torresmos e a lingüiça. Molhe com cerca de uma concha do caldo em que cozinhou o feijão e termine de acrescentar a farinha. O resultado final é uma espécie de farofão não muito seco. Faça pois atenção à quantidade de caldo que utilizar. Sirva com arroz branco solto e couve à mineira (cf. o capítulo "Acompanhamentos").

# Feijoada carioca

(para 15)

106 **Para a feijoada: 1½ quilo de feijão-preto do tipo uberabinha; 1 língua de porco defumada e pequena; 250 gramas de lombo de porco salgado; 1 pezinho de porco, 1 orelha de porco não muito grande e 2 rabinhos, todos salgados; 2 paios; 1 salsichão; 300 gramas de lingüiça de porco fresca e grossa; 300 gramas de lingüiça fina; 250 gramas de toucinho defumado magro; ½ quilo de carne de peito magra e fresca; ½ quilo de carne-seca; 250 gramas de costelas defumadas; ½ quilo de lombinho de porco fresco; 2 folhas de louro; 3 dentes de alho; 4 colheres de sopa de óleo; sal.**
**Para os acompanhamentos: 8 laranjas tipo baía ou pêra; arroz branco caseiro; couve à mineira; farofa de ovo; molho de pimenta (cf. as receitas no capítulo "Acompanhamentos"); e caldinho (cf. a receita no capítulo "Aperitivos").**

Coloque o feijão, triado e lavado, de molho de véspera. Faça o mesmo, e separadamente, com a carne-seca e o lombo salgado, tendo o cuidado de mudar a água duas vezes. Limpe e lave bem a língua de porco, o pezinho, a orelha e os rabinhos. Limpe a carne de peito e o lombinho fresco. Escalde os paios. Coloque o feijão para cozinhar em bastante água (inclusive a água na qual ficou de molho), com o louro e o toucinho. Após 1 hora de fervura, vá juntando as carnes, na seguinte ordem: a língua defumada, a carne-seca cortada em pedaços grandes, o pé e os rabinhos de porco, os paios e as costelas defumadas, o lombo salgado, a carne de peito, o lombinho fresco, a orelha de porco, o salsichão inteiro e as lingüiças cortadas em pedaços grandes. Acrescente água quente na medida do necessário, de modo a manter as carnes permanentemente cobertas pelo caldo. Durante o cozimento, feito normalmente em dois caldeirões, escume a feijoada. Quando os grãos estiverem macios e o caldo mais ou menos grosso, tempere o feijão com 3 dentes de alho bem socados, dourados em 4 colheres de sopa de óleo. Prove o sal e torne a escumar para retirar qualquer excesso de gordura. Retire 2 conchas cheias de grãos e amasse com o garfo até obter uma pasta. Misture com a feijoada e abaixe o fogo. Descasque as laranjas retirando todas as peles e sementes, corte em pedaços não muito grandes e coloque na geladeira até o momento de servir. De acordo com as receitas constantes do capítulo "Acompanhamentos", prepare arroz caseiro, couve à mineira e farofa de ovos para 15 pessoas. Misture o molho de pimentas com 1 colher de sopa de aguardente e com 1½ concha do caldo da feijoada. Para o caldinho, e segundo receita constante do capítulo "Aperitivos", use 12 doses de aguardente e 6 conchas do caldo coado da feijoada, meio ralo. Sirva todas as carnes cortadas em pedaços regulares numa grande travessa e a feijoada numa terrina funda e com tampa. Os demais acompanhamentos são distribuídos por travessas e o caldinho deve ser servido como aperitivo, uma ½ hora antes da feijoada ir à mesa.

# Filés acebolados

(para 2)

108 **2 bifes de filé, grandes e de 1 dedo de espessura; 2 cebolas grandes; 1 colher de sopa de vinagre; 1 dente de alho; 1 colher de sopa de manteiga; 6 batatas grandes; óleo que baste; sal e pimenta.**

Limpe a carne retirando qualquer vestígio de sebo ou gordura, não lave e tempere com sal, pimenta e o vinagre. Descasque as batatas e cozinhe rapidamente em água e sal. Devem ficar meio duras. Corte em bastões grossos e frite em bastante óleo fervente. Escorra em papel absorvente. Esquente a manteiga com 1 colher de sopa de óleo e prepare os bifes no ponto desejado e em fogo forte. Retire os bifes para uma travessa. Aumente a fritura com 1 colher de sopa de óleo e refogue as cebolas cortadas em rodelas finas. Junte o alho socado, tempere com sal e pimenta, mexa e molhe com 1 xícara de chá de água quente. Deixe em fogo forte por alguns minutos. Cerque os filés com as batatas e cubra a carne com o molho quente.

# Filés à baiana

(para 2)



**2 bifes de filé, grandes e de 1 dedo de espessura; 1 limão; 6 tomates grandes e maduros, sem peles nem sementes; 1 colher de sopa de puro purê de tomates; 2 cebolas médias; 3 colheres de sopa de óleo; 2 pimentinhas-malaguetas; 1 colher de sopa de salsa picadinha; sal e pimenta.**

Limpe a carne retirando qualquer vestígio de sebo ou gordura, não lave e tempere com sal, pimenta e caldo de limão. Doure as cebolas raladas ou batidinhas em 2 colheres de sopa de óleo. Misture com os tomates bem picados, com o puro purê e com as pimentinhas amassadas. Tempere com sal e deixe em fogo brando até obter um molho espesso e forte. Prepare os bifes em fogo forte e no ponto desejado, em 1 colher de sopa de óleo. Arrume numa travessa, cubra com molho fervente e polvilhe com a salsinha. Sirva com arroz branco solto.

# Filés à brasileira

(para 2)

110 **2 bifes de contrafilé, grandes e de 1 dedo de espessura; 1 tomate; 1 pimentão verde pequeno; 1 cebola média; 2 colheres de sopa de vinagre; 1 colher de sopa de salsa picadinha; 2 xícaras de chá de farinha de mesa tostadinha; 2 molhos de couve; 1 dente de alho; 1 colher de sobremesa de óleo; sal e pimenta.**

Limpe a carne retirando qualquer vestígio de sebo ou gordura, não lave e tempere com sal e pimenta. Prepare o molho: misture o tomate e o pimentão, sem sementes e cortados em pedacinhos, com a cebola batidinha, a salsa, o vinagre e 2 colheres de sopa de água. Tempere com sal e pimenta e mexa bem. Doure o alho esmagado no óleo e refogue a couve cortada bem fininha. Quando estiver quase seca, junte a farinha e mexa bem. Polvilhe com um pouco de sal. Prepare os bifes grelhados e sirva-os com a farofa ao lado e o molho em separado. Sendo de gosto, acompanhe também com um pouco de arroz branco.

*Ao invés de grelhado, o contrafilé pode ser preparado na frigideira, em um pouquinho de óleo.*

# Filés a cavalo

(para 2)



**2 bifes de filé, grandes e de 1 dedo de espessura; 2 ovos; 6 batatas grandes; 1 cebola média; 2 xícaras de chá de farinha de mesa tostadinha; 1 colher de sopa cheia de salsa picadinha; 1 colher de sopa de manteiga; óleo que baste; sal e pimenta.**

Limpe a carne, retirando qualquer vestígio de sebo ou gordura, não lave e tempere com sal e pimenta. Descasque as batatas, lave bem, corte em rodelas finas, frite em óleo fervente e escorra em papel absorvente. Prepare os bifes no ponto que preferir, em fogo forte e numa mistura de 1 colher de sopa de manteiga com 1 colher de sopa de óleo. Arrume numa travessa. Refogue a cebola batidinha na fritura dos filés e molhe com 2 colheres de sopa de água. Deixe ferver e misture bem com a farinha, a salsa, uma pitada de sal e as batatas portuguesas. Frite os ovos em óleo e cubra cada bife com 1 ovo. Sirva com a farofa ao lado.

# Filés à Diana

(para 2)



**2 bifes de filé, grandes e de 1 dedo de espessura; 2 bananas-prata; 1 lata pequena de *petit-pois*; 1 quilo de batatas das bem grandes; 4 tiras de *bacon;* 1 ovo; 2 colheres de sopa cheias de farinha de rosca; 1 colher de sopa de manteiga; óleo que baste; sal e pimenta.**

Limpe a carne, retirando qualquer vestígio de sebo ou gordura, não lave e tempere com sal e pimenta. Descasque as batatas, lave e, com a ajuda do aparelho apropriado, retire bolinhas. Frite-as em óleo fervente e escorra em papel absorvente. Polvilhe com um pouco de sal. Corte as bananas ao meio no sentido do comprimento, passe pelo ovo batido, pela farinha de rosca, frite em óleo quente até que estejam douradas e escorra em papel absorvente. Frite o *bacon* em um pouco de óleo até que esteja crocante. Prepare os bifes em fogo forte, na manteiga misturada com 1 colher de sopa de óleo, no ponto que preferir. Desmanche a fritura da carne em um pouquinho de água e esquente os *petit-pois* escorridos. Arrume os filés numa travessa grande. Cubra com bananas fritas e *bacon* e cerque com os *petit-pois* e as batatas *noisette*.

# Filés à francesa

(para 2)

**2 bifes de filé, grandes e de 1 dedo de espessura; 1 quilo de batatas; 1 lata pequena de *petit-pois;* 2 cebolas médias; 150 gramas de presunto; 2 colheres de sopa de manteiga; óleo para a fritura; sal e pimenta.**

Limpe a carne, retirando qualquer vestígio de sebo ou gordura, não lave e tempere com sal e pimenta. Descasque as batatas, corte em palitos bem finos, lave, seque e frite em óleo fervente. Escorra em papel absorvente e mantenha em local aquecido. Corte as cebolas em rodelas finas e doure em 1 colher de sopa de manteiga. Misture com os *petit-pois* escorridos e com o presunto cortado em tirinhas. Refogue, tempere com sal e pimenta a gosto e misture com as batatas fritas. Prepare os bifes no ponto desejado e em fogo forte, numa mistura de 1 colher de sopa de manteiga com 1 colher de sopa de óleo. Arrume numa travessa. Desmanche a fritura com um pouquinho de água e regue os filés. Guarneça com as batatas.

*Ao invés de batatas-palito, pode-se empregar batatas-palha, isto é, batatas raladas na parte mais grossa do ralo.*

# Filés a Holstein

(para 2)

114 **2 bifes de filé, grandes e de 1 dedo de espessura; 4 ovos; 1 gema; 1 colher de sopa de salsa picada; 1 colher de sopa de cebola ralada; 1 xícara de chá cheia de farinha de rosca; 1 quilo de batatas; 1 colher de sobremesa de manteiga; ½ xícara de chá de leite; óleo para a fritura; sal e pimenta.**

Limpe a carne, retirando qualquer vestígio de sebo ou gordura, e não lave. Afine um pouco os bifes com a ajuda do soquete e tempere com sal e pimenta. Cozinhe as batatas descascadas em água e sal, escorra e passe pelo espremedor enquanto estão quentes. Misture com a manteiga, o leite e a gema. Bata bem e esquente em fogo brando. Bata 2 ovos como para omelete com 1 pitada de sal, a salsa e a cebola. Coloque os bifes de molho nesta mistura por 10 minutos. Escorra, passe pela farinha de rosca, novamente pelos ovos e mais uma vez pela farinha de rosca para que fiquem bem empanados. Frite em óleo quente e escorra em papel absorvente, quando estiverem bem tostados. Prepare 2 ovos fritos em um pouco de óleo. Arrume os filés numa travessa e cubra cada um com 1 ovo. Cerque com o purê de batatas.

*Esses filés à milanesa podem também ser servidos sem o ovo e com salada de batatas (cf. o capítulo "Acompanhamentos").*

# Filés ao alho e óleo

(para 2)

**2 bifes de filé, grandes e de 1 dedo de espessura; 1 cabeça de alho; 4 batatas grandes; ½ molho de brócolis; 3 colheres de sopa de óleo; ½ colher de café de bicarbonato; sal e pimenta.** 

Limpe a carne, retirando qualquer vestígio de sebo ou gordura, não lave e tempere com sal e pimenta. Limpe os brócolis, separe em buquês e cozinhe *al dente*, em água com sal e o bicarbonato, em panela destampada para que fiquem bem verdes e crocantes. Escorra. Descasque as batatas e cozinhe em água e sal. Descasque os dentes de alho, corte em lâminas finas e doure no óleo, com cuidado para que não escureçam e assim fiquem amargos. Retire com a escumadeira e reserve. Prepare os filés em fogo forte e no ponto que desejar, na gordura já perfumada pelo alho. Arrume numa travessa e cerque com as batatas e os brócolis cozidos. Desmanche a fritura da carne em um pouquinho de água, ferva para apertar o ponto e despeje sobre os filés. Complete com o alho frito e com um pouco mais de pimenta.

# Frango a passarinho

(para 4)

116 **1 frango de cerca de 1½ quilo; 2 limões; 200 gramas de presunto; 2 colheres de sopa de salsa picadinha; 1 quilo de batatas; 1 colher de sopa cheia de manteiga; óleo que baste; sal e pimenta.**

Limpe o frango, lave e corte em pequenos pedaços. Tempere com caldo de 1 limão, sal e pimenta e deixe tomar gosto por 10 minutos. Cozinhe as batatas com casca, em água e sal. Devem ficar firmes. Passe por água fria, escorra, descasque e corte em rodelas grossas. Frite o frango escorrido numa boa quantidade de óleo, até que esteja bem tostado e crocante. Escorra em papel absorvente. Derreta a manteiga até que fique dourada e salteie as batatas. Misture com o presunto cortado em tirinhas. Arrume o frango frito no centro de uma travessa e polvilhe com um pouco mais de pimenta. Cerque com as batatas polvilhadas com a salsinha. Guarneça o frango com 1 limão cortado em gomos e sirva-o enquanto está quente.

# Frango assado com farofa

(para 4)

**1 frango de cerca de 1½ quilo; 1 limão; 1 cebola média; 100 gramas de toucinho defumado; 1 folha de louro; 1 colher de sopa de óleo; 2½ colheres de sopa de manteiga; 3 xícaras de chá de farinha de mesa tostadinha; 4 ovos; ½ xícara de chá de azeitonas pretas picadas; 1 colher de sopa cheia de salsa picada; sal e pimenta.** 

Limpe o frango, lave e tempere com caldo de limão, sal e pimenta. Escorra e recheie com ½ cebola em rodelas, a folha de louro e metade do toucinho. Cruze as patas e amarre. Dobre as asas para trás e acomode a ave numa assadeira untada com o óleo. Besunte todo o frango com 1 colher de sopa de manteiga. Leve ao forno regular e pré-aquecido por cerca de 45 minutos. Quando começar a frigir, molhe com ½ copo de água quente e vá virando para que toste por igual, sem esquecer de regar o frango com o próprio molho. Pique o restante do toucinho e frite em 1 colher de sopa de manteiga. Misture os torresmos com ½ cebola batidinha e espere alourar. Refogue os miúdos limpos, lavados e picadinhos, até que comecem a frigir. Molhe com 1 copo de água e cozinhe em fogo brando até que estejam macios e quase sem molho. Prepare os ovos mexidos em ponto mole, em ½ colher de sopa de manteiga. Misture com os miúdos e com a farinha de mesa e mexa bem, em fogo brando. Desmanche o fundo da assadeira com um pouquinho de água e misture o molho à farofa, tornando a mexer bem. Por último, acrescente a salsinha. Corte o frango em pedaços grandes e arrume sobre a farofa.

*Ao invés da farofa, acompanhe o frango assado com creme de milho (cf. o capítulo "Acompanhamentos").*

# Frango ao molho pardo com quiabo e polenta

(para 8)



**3 frangos que perfaçam um total de 3 quilos; o sangue dos frangos, bem batido com ½ copo de vinagre para que não coagule; 2 limões; 2 folhas de louro; 2 cebolas grandes; 1 dente de alho; ½ copo de óleo; 100 gramas de toucinho defumado bem magro; 4 tomates grandes e maduros, sem peles nem sementes; sal e pimenta.**

**Para os quiabos: 2 quilos de quiabos pequenos e tenros; 2 colheres de sopa de óleo; 1 cebola média; 1 dente de alho; 2 colheres de sopa de vinagre.**

**Para a polenta: 2 xícaras de chá cheias de fubá de milho; 2 colheres de sopa de azeite; 1 dente de alho; 1 colher de chá de manteiga.**

Limpe os frangos, lave e corte em pedaços não muito pequenos. Tempere com o caldo coado dos limões, sal e pimenta, e deixe tomar gosto por 15 minutos. Pique o toucinho e frite no óleo. Quando os torresmos estiverem quase prontos, misture com as cebolas raladas ou batidinhas e com o alho picado e espere alourar. Refogue então os pedaços de frango escorridos, até que comecem a tostar. Prove o sal e a pimenta e misture com os tomates bem amassados. Junte o louro, molhe com 3 copos de água quente, espere ferver, abaixe o fogo e tampe. Cozinhe até que os frangos estejam macios, porém sem soltar dos ossos. Durante o cozimento, acrescente mais água quente, pois no final deve-se obter não menos de 4 copos de molho espesso. Quando os frangos estiverem quase no ponto ideal, misture bem com o sangue batido com o vinagre e deixe em fogo brando por mais 15 minutos, para apurar o molho.

Para os quiabos: lave, enxugue e suprima as extremidades. Com o auxílio de uma faca sempre limpa e seca, corte-os em rodelinhas não muito finas. Esquente o óleo e doure a cebola batidinha e o alho picado. Refogue os quiabos e tempere com sal e pimenta. Misture com o vinagre, para cortar a baba, mexa bem, espere evaporar e molhe com 1 copo de água quente. Os quiabos devem ficar macios e completamente sem molho.
Para a polenta: doure o alho amassado no azeite quente e molhe com 1 litro de água quente com sal. Misture com o fubá desmanchado em 1 copo de água fria e mexa bem, em fogo brando, até obter um mingau espesso e bem cozido. Estará no ponto quando o fundo da panela começar a aparecer. Despeje numa travessa untada com a manteiga. Sirva os quiabos ensopados em outra travessa e o molho pardo numa terrina grande e funda, com tampa.

# Frango ensopado

(para 6)

120 **1 frango grande, de não menos de 1½ quilo; 1 limão; 1 cebola média; 2 colheres de sopa de óleo; 6 tomates grandes e maduros, sem peles nem sementes; 1 pimentão verde médio; 1 pequeno pimentão vermelho; 1 folha de louro; 1 molho de salsa e cebolinha; 100 gramas de toucinho defumado magro; sal de aipo e pimenta.**

Limpe o frango, lave e corte em pedaços regulares e não muito pequenos. Tempere com caldo de limão, sal de aipo e pimenta. Frite o toucinho cortado em pequenos bastões no óleo. Quando os torresmos estiverem quase no ponto, misture com a cebola batidinha e espere alourar. Junte os pimentões limpos, sem peles e cortados em tirinhas, e refogue o frango escorrido, até que comece a frigir e tostar. Misture então com os tomates amassados, o louro e o molho de salsa e cebolinha. Molhe com 2 copos de água quente e cozinhe em fogo brando com panela tampada por cerca de 40 minutos. O frango deve ficar macio, porém sem soltar dos ossos. E o molho deve render cerca de 1½ copo; junte pois um pouco mais de água quente durante o cozimento. No momento de servir, retire o louro e o molho de cheiros. Sirva com arroz branco solto e purê de batatas (cf. o capítulo "Acompanhamentos").

*O frango ensopado pode ainda, como variante, ser misturado com rodelas de palmito ou com* petit-pois, *sendo então servido apenas com arroz branco.*

# Iscas com elas

(para 6)



**12 bifes grandes e finos de fígado-manteiga; 8 batatas grandes; 4 cebolas grandes; 1 copo de azeite; 1 limão; 1 xícara de chá de azeitonas pretas pequenas; 1 colher de sopa cheia de salsa picadinha; sal e pimenta.**

Limpe os bifes de fígado, retirando a membrana que os envolve, qualquer gordura ou nervo, e não lave. Corte em tirinhas bem finas. Regue com o caldo coado do limão e tempere com sal, pimenta e 2 colheres de sopa de azeite. Deixe tomar gosto e amaciar por ½ hora. Corte as cebolas em rodelas finas, desfaça os anéis e deixe de molho por 10 minutos em água fria com sal. Escorra então, enxugue sobre um guardanapo, frite em um pouco de azeite, retire para um papel absorvente e reserve. As cebolas devem ficar tostadinhas e secas. Coloque o restante do azeite na frigideira e frite as iscas bem escorridas, em fogo forte, mexendo com colher de pau. Enquanto fritam, cozinhe as batatas com casca em água e sal. Passe por água fria, escorra, descasque e corte em rodelas não muito finas. Retire as iscas já prontas e reserve. Misture a fritura com o tempero no qual o fígado esteve de molho e mais 1 copo de água. Ferva para dar ponto ao molho e misture-o com as iscas e com as azeitonas. Arrume numa travessa grande camadas alternadas de batatas e iscas no molho, terminando com estas últimas. Polvilhe com mais pimenta-do-reino e com a salsinha e cubra com as cebolas fritas. Sirva em seguida, para que as iscas não endureçam.

*Sendo de gosto, regue a travessa com um fio de azeite.*

# Fritada de bacalhau à espanhola

(para 6)



**750 gramas de bacalhau; 6 batatas grandes; 2 pimentões médios, 1 verde e 1 vermelho; 1 cebola grande; 1 dente de alho; 2 colheres de sopa cheias de salsa picada; 1 copo de azeite; 1 xícara de chá mal cheia de azeitonas pretas das pequenas; 2 tomates grandes e maduros, sem peles nem sementes e amassados; 1 tomate maduro e firme, cortado em rodelas; 5 ovos; sal e pimenta.**

Coloque o bacalhau de molho de véspera. A água deverá ser trocada duas vezes. Limpe o bacalhau de peles e espinhas e separe em pequenas lascas. Doure metade da cebola batidinha, junto com o alho picado, em metade do azeite. Refogue o bacalhau. Tempere com pimenta, misture com os tomates amassados e com ½ copo de água e deixe em fogo brando até que quase todo o molho tenha sido absorvido. Esquente o restante do óleo e frite a metade da cebola cortada em rodelas finas. Reserve. No mesmo azeite, frite os pimentões limpos e cortados em tiras não muito finas. Retire e reserve. Cozinhe as batatas com casca, em água e sal, passe por água fria, escorra e descasque. Corte em rodelas não muito grossas. Despeje a fritura da cebola e dos pimentões em uma frigideira grande e antiaderente. Misture o bacalhau ensopado com as azeitonas. Arrume na frigideira camadas alternadas de bacalhau, batatas, cebola, pimentões e assim por diante, terminando com uma camada de bacalhau. Bata os ovos como para omelete, com 2 colheres de sopa de água, uma pitada de sal, pimenta e a salsinha. Despeje sobre o bacalhau e acomode com o auxílio de um garfo, para que possa entranhar. Finalize com o tomate em rodelas. Tampe e leve ao fogo regular inicialmente, e depois brando, até que a fritada esteja completamente seca. Sirva na própria frigideira.

# Lagarto recheado com panachê de legumes

(para 10)

124 **3 quilos de lagarto redondo; 1 cebola grande; $^2/_3$ de copo de vinagre de vinho, de preferência; 1 colher de café rasa de louro em pó; 300 gramas de lingüiça de porco fina; 4 tomates grandes e maduros, sem peles nem sementes; 4 colheres de sopa de óleo; sal e pimenta.**
**Para o panachê: 3 chuchus médios; 6 cenouras médias; 6 batatas grandes; 1 couve-flor pequena; 1 lata grande de *petit-pois*; 1 colher de sopa cheia de salsa picadinha.**

Limpe a carne suprimindo eventuais capas de sebo ou gordura, pois deve ficar completamente desbastada, e não lave. Com o auxílio de uma faca fina, grande e afiada, faça furos na carne, no sentido do comprimento, e introduza a lingüiça aos pedaços, com a ajuda do cabo de um garfo ou colher. Misture o vinagre com a cebola ralada, louro, sal e pimenta e esfregue a carne com esta pomada. Deixe tomar gosto por ½ hora. Esquente o óleo e doure a carne escorrida, por igual. Quando estiver bem tostada, misture com a vinha-d'alhos desmanchada em um pouquinho de água. Espere ferver e acrescente os tomates amassados. Quando começar novamente a frigir, molhe com 2 copos de água quente. Tampe e deixe em fogo brando por cerca de 3 horas, acrescentando mais água quente na medida do necessário. O molho deve ficar espesso.
Para o panachê: descasque e limpe os legumes e corte os chuchus em gomos, as cenouras em rodelas não muito finas e as batatas ao meio. Separe a couve-flor em buquês. Cozinhe os legumes separadamente, em água e sal, e escorra bem. Arrume os legumes quentes, agrupados segundo o tipo, numa

travessa grande. Complete com os *petit-pois* escorridos e passados por água fervendo. Polvilhe tudo com a salsinha. Sirva a carne cortada em fatias em outra travessa e o molho em separado.

# Leitão assado com guarnição à mineira

(para 10)

 **1 leitão de cerca de 6 quilos; 2 folhas de louro; 1 cebola grande; 2 dentes de alho; 2 limões; 2 copos de vinagre; 6 cravinhos; 1 colher de café de cominho em pó; 1 palmo de casca de laranja; 1 colher de sopa cheia de banha de porco; sal e pimenta. Para a guarnição: couve à mineira; farofa de ovo (cf. o capítulo "Acompanhamentos").**

Limpe o leitão e lave em água com o caldo dos limões. Escorra bem. Os miúdos não serão aproveitados. Misture o vinagre com 1 copo de água, o alho amassado, a cebola em rodelas, louro, cominho, cravinhos, casca de laranja, sal e pimenta. Fure o couro do leitão para que os temperos possam entranhar e coloque-o de véspera na vinha-d'alhos. De vez em quando, vire o leitão. No dia seguinte, retire-o da vinha-d'alhos, unte com a banha e acomode-o na assadeira. Leve ao forno quente e pré-aquecido por cerca de 4 horas. Logo que começar a frigir, vá regando o leitão com a vinha-d'alhos coada e aumentada com um pouco de água. De vez em quando, pique a pele e vá regando o leitão com o próprio molho. No final, o couro deverá ficar bem tostado e crocante. Prepare couve à mineira e farofa de ovo para 10 pessoas. Desmanche o fundo da assadeira com água para obter um pouco de molho que será servido em separado.

*Preferindo, sirva o leitão apenas com arroz de lentilhas (cf. o capítulo "Acompanhamentos").*

# Lentilhas garnies

(para 10)



**1 quilo de lentilhas; 1 quilo de lombo salgado; 200 gramas de toucinho defumado magro; 6 salsichas de pacote (ou a varejo); 1 salsichão; 1 paio; 300 gramas de lingüiça fina de porco; 300 gramas de costelas defumadas; 1 cebola média; 2 dentes de alho; 1 molho de salsa e cebolinha; 2 cenouras; 2 folhas de louro; 2 colheres de sopa de óleo; sal e pimenta.**

Lave o lombo, retire qualquer excesso de gordura e coloque de molho de véspera, tendo o cuidado de trocar a água duas vezes. Coloque as lentilhas triadas e lavadas para cozinhar em água com sal, o molho de cheiros, o louro, as cenouras descascadas e aos pedaços e o toucinho. 1 hora depois de iniciado o cozimento, misture com o lombo aos pedaços, com as costelas, o salsichão e o paio, escaldado e picado com o garfo. Vá juntando água na medida do necessário. A lentilha não deve porém se desmanchar nem ficar com muito caldo. Quando estiver no ponto, retire as cenouras, o louro e o molho de cheiros. Corte a lingüiça em pedaços e frite no óleo. Retire e reserve. Nesta mesma fritura, doure a cebola batidinha e o alho amassado, junte um pouco de pimenta e tempere as lentilhas. Prove o sal e misture com as lingüiças fritas e com as salsichas passadas por água quente e cortadas ao meio. Deixe no fogo por mais 15 minutos. No momento de servir, corte o paio e o salsichão em rodelas e o toucinho em pedaços. Arroz branco para acompanhar.

# Lombinho de porco à moda

(para 6)

128 **1 lombinho de porco de cerca de 1½ quilo; 1 limão; 2 copos de vinho branco seco; 3 cebolas grandes; 2 folhas de louro; 1 dente de alho; 6 tomates grandes e maduros, sem peles nem sementes; 2 pimentões verdes grandes; 1½ quilo de batatas; óleo que baste; sal e pimenta.**

Limpe o lombinho e lave em água com o caldo de limão. Misture o vinho com o alho amassado, o louro, 1 cebola em rodelas, sal e pimenta. Corte a carne em 6 pedaços e deixe de molho na vinha-d'alhos por 3 horas. Escorra bem a carne e doure em 4 colheres de sopa de óleo até que esteja tostada. Retire e reserve. Junte mais 2 colheres de sopa de óleo à fritura e doure 2 cebolas cortadas em rodelas. Acrescente os pimentões limpos e cortados em tiras não muito finas. Espere frigir e misture com os tomates bem amassados. Torne a colocar o lombinho na panela e regue com a vinha-d'alhos coada e misturada com 1 copo de água. Espere levantar fervura, tampe e cozinhe em fogo brando até que a carne esteja completamente cozida e o molho espesso. Prove o sal e a pimenta. Cozinhe rapidamente as batatas descascadas em água e sal. Corte em bastões grossos, frite em óleo fervente e escorra em papel absorvente. Arrume o lombo numa travessa grande, cubra com o molho e cerque com as batatas.

# Lombinho de porco assado

(para 6)

**1 lombinho de porco de 1½ quilo; 2 limões; 2 folhas de louro; 1 dente de alho; 1 cebola grande; 1 copo de vinagre; 4 colheres de sopa de óleo; sal e pimenta.** 

Limpe o lombinho e lave em água com caldo de limão. Misture o vinagre com a cebola em rodelas, o alho amassado, o louro, sal e pimenta. Deixe o lombinho na vinha-d'alhos por 3 horas. Unte a assadeira com 1 colher de sopa de óleo e aí arrume o lombinho escorrido. Regue com o restante do óleo e leve ao forno quente e pré-aquecido. Retire o louro da vinha-d'alhos e misture-a com 1 copo de água. Quando o lombinho começar a frigir, regue-o com esta vinha-d'alhos e vá virando a carne para que fique tostada e cozida por igual. Arrume numa travessa e cerque com rodelas de limão. Desmanche o fundo da assadeira com um pouco de água quente e sirva este molho em separado. Para acompanhar, sirva purê de batatas ou arroz com lentilhas (cf. o capítulo "Acompanhamentos").

# Lombo com feijão-manteiga

(para 10)

130 **2 quilos de lombo de porco salgado; 1 quilo de feijão-manteiga; 200 gramas de toucinho defumado magro; 2 folhas de louro; 1 cebola média; 3 dentes de alho; 1 molho de salsa e cebolinha; 2 colheres de sopa de óleo; sal e pimenta.**

Lave o lombo, retire qualquer excesso de gordura, corte em pedaços regulares e não muito pequenos e coloque de molho em água fria de véspera. Troque a água duas vezes. Coloque o feijão triado e lavado para cozinhar em água com sal, a cebola inteira, o louro, o molho de cheiros e o toucinho cortado em quatro. Quando ferver, junte o lombo escorrido e cozinhe em fogo regular, escumando de vez em quando. Acrescente água quente na medida do necessário. O caldo deve ficar grosso, mas os grãos não devem se desmanchar completamente. Prove o sal, retire o louro, a cebola e o molho de cheiros. Doure o alho amassado no óleo e tempere o feijão. Deixe em fogo brando por mais 10 minutos. Sirva com arroz branco e com farofa na manteiga (cf. o capítulo "Acompanhamentos").

# Macarronada

(para 6)

**½ quilo de talharim fresco; 1 quilo de patinho; 1 quilo de tomates grandes e maduros, sem peles nem sementes; 1 cebola grande; 1 dente de alho; 2 folhas de louro; 5 colheres de sopa de óleo; 1 molho de salsa e cebolinha; ½ lata de puro purê de tomates; 1 xícara de chá de queijo parmesão ralado; 1 colher de chá de açúcar; 1 colher de chá de orégano; sal e pimenta.** 

Limpe a carne, retirando qualquer vestígio de sebo ou gordura, não lave e corte em pedaços não muito pequenos. Doure a cebola batidinha, junto com o alho picado, em 4 colheres de sopa de óleo. Refogue a carne até que comece a tostar por igual. Tempere com sal, pimenta, 1 folha de louro, açúcar e orégano. Misture com os tomates picados e com o puro purê. Cubra com 1 litro de água e cozinhe por 2 horas em fogo brando, acrescentando mais água na medida do necessário, pois deve-se apurar não menos de 3 copos de molho escuro e espesso. Retire a carne e o louro e passe o molho pela peneira. Escume. Cozinhe o talharim *al dente* em bastante água fervente com sal, 1 colher de sopa de óleo, 1 folha de louro e o molho de salsa e cebolinha. Muita atenção, porque a massa fresca cozinha muito mais rápido do que a de pacote. Misture o talharim já cozido com 2 copos de água fria, retire o louro e o molho de cheiros e escorra. Despeje numa travessa grande e misture com o molho fervente. Cubra com o queijo. A carne não é aproveitada nesta receita.

# Mariscada

(para 6)

132 **1 quilo de camarões médios; ½ quilo de lulas; 250 gramas de mexilhões já cozidos e sem as conchas; 250 gramas de vôngoles também cozidos e sem as conchas; 1 cebola grande; 1 dente de alho; 8 tomates grandes e maduros, sem peles nem sementes; 1½ quilo de batatas; 2 pimentões grandes, 1 verde e 1 vermelho; 2 colheres de sopa de salsa picada; 1 colher de sopa de coentro picado; ½ copo de azeite; 2 copos de vinho branco seco; 1 colher de sopa cheia de hortelã fresca picada; 1 colher de café rasa de páprica; sal e pimenta.**
**Para o *fumet:* ½ quilo de cabeças de peixe; 1 cebola; 6 cravinhos; 1 colher de chá de grãos de coentro amassados; 1 molho de salsa e cebolinha; 1 cenoura; 1 talo de aipo com a rama; 1 limão.**

Prepare inicialmente o *fumet:* ferva 1 litro de água com sal, o molho de salsa e cebolinha, o aipo, a cenoura descascada, a cebola, os cravinhos e o coentro, junto com as cabeças de peixe lavadas. Deixe no fogo até reduzir à metade e coe, apertando os ingredientes para obter todo o suco. Reserve. Limpe as lulas e lave. Nem os tentáculos nem a bolsa de tinta são aproveitados. Corte em argolinhas ou tirinhas e cozinhe por 15 minutos em 1 copo de água com sal, misturada com 1 copo de vinho. Escorra. Tempere os camarões limpos e lavados com caldo de limão, sal e pimenta. Descasque as batatas e corte em rodelas não muito finas. Pique os tomates em pedaços miúdos e corte os pimentões limpos em tiras finas. Corte a cebola em rodelas finas e amasse o alho. Numa caçarola grande e não muito funda, esquente o azeite e doure a cebola e o alho. Junte os camarões escorridos, os tomates, o coentro, metade da salsa e os pimentões. Complete com mexilhões, vôngoles e lulas. Polvilhe com sal, pimenta e páprica. Cubra com as rodelas de batatas e com a hortelã. Molhe com 1 copo de vinho e com o *fumet*. Durante o cozimento, que deve ser feito em fogo regular e que dura cerca de 30 minutos, os diversos ingredientes da mariscada devem ser misturados com cuidado e com o auxílio de uma escumadeira. Polvilhe com 1 colher de sopa de salsinha, no momento de servir.

*A mariscada ficará naturalmente mais saborosa se preparada em uma caçarola de barro, na qual, inclusive, será levada à mesa.*

# Mocotó à portuguesa

(para 6)



**3 mocotós de boi; ½ copo de vinagre; 1 limão; 1 copo de vinho branco seco; 2 colheres de sopa de óleo; 150 gramas de toucinho defumado magro; 1 cebola grande; 1 dente de alho; 6 tomates grandes e maduros, sem peles nem sementes; sal e pimenta.**
**Para o caldo: 1 copo de vinho branco seco; 1 cebola grande; 2 folhas de louro; 1 molho de salsa e cebolinha; 3 talos de aipo com a rama.**
**Para os acompanhamentos: 1 chouriço português grande (ou 2 paios); 1 cálice de aguardente velha; 100 gramas de azeitonas pretas pequenas; 2 colheres de sopa de salsa picada; 6 fatias aparadas de pão de fôrma branco, cortadas ao meio, na diagonal; 6 dentes de alho; 1 colher de sopa cheia de manteiga.**

Limpe os mocotós, raspando-os com a faca. Devem estar cortados ao meio, no sentido do comprimento. Esfregue com o limão e lave. Coloque de molho por 1 hora em água fria com o vinagre. Escorra e torne a lavar. Ferva 4 litros de água com sal, 1 copo de vinho, 1 cebola picada, 2 folhas de louro, o molho de cheiros e o aipo e coloque o mocotó para cozinhar. Deve ficar macio e soltando dos ossos. Retire e corte em pedacinhos. Coe o caldo e reserve. Esquente o óleo e frite o toucinho picado. Quando os torresmos estiverem quase prontos, misture com 1 cebola batidinha e com 1 dente de alho amassado e espere alourar. Misture com o mocotó e refogue. Logo que comece a frigir, junte os tomates amassados e molhe com 1 copo de vinho e 3 conchas de caldo. Tampe e deixe em fogo brando para apurar o ponto. Corte o chouriço ou o paio em rodelas finas ou em pedacinhos e esquente numa frigideira. Molhe com a aguardente e flambe. Misture com o mocotó. Prove o sal e tempere generosamente com pimenta moída na hora. Acrescente as azeitonas e deixe no fogo por mais 10 minutos. Torre o pão em forno quente. Esfregue com alho e barre com um pouquinho de manteiga enquanto estiver quente. Sirva o mocotó polvilhado com a salsinha e acompanhado com as torradas.

*O que sobrou do caldo poderá ser aproveitado no preparo da batida de mocotó (cf. o capítulo "Aperitivos").*

# Moqueca de peixe

(para 8)



**8 postas de peixe de carne branca e firme (pescada ou badejo por exemplo); 2 limões; ½ copo de azeite-de-oliva; 1 cebola grande ralada; 1 cebola grande em rodelas; 1 dente de alho; 1 quilo de tomates grandes e maduros, sem peles nem sementes; 2 pimentões verdes médios; 1 colher de café de gengibre ralado; 3 colheres de sopa de amendoim torrado e moído; 3 colheres de sopa de castanha de caju torrada e moída; 3 colheres de sopa de coentro picado; 1 colher de café de caldo de pimenta-malagueta; 1 xícara de chá de azeite-de-dendê (flor); 1 vidro pequeno de leite de coco; sal. Para a farofa amarela: 1 cebola média batidinha; 4 xícaras de chá de farinha de mesa já tostada; ½ copo de azeite-de-dendê.**

Lave o peixe com água e caldo de 1 limão, escorra e coloque em um alguidar. Faça uma pomada com a cebola ralada, o coentro, sal e caldo de 1 limão, esfregue as postas com estes temperos e deixe tomar gosto por 15 minutos. Esquente o azeite numa grande panela de barro e doure a cebola em rodelas e o alho amassado. Junte os pimentões limpos e cortados em tirinhas. Arrume as postas de peixe, com o tempero no qual estavam, sobre este refogado. Cubra com os tomates grosseiramente amassados com o garfo. Tempere com caldo de pimenta e gengibre. Ferva em fogo forte. Abaixe então o fogo e tampe para apurar o molho. O peixe deve ficar cozido, porém firme. Quando estiver quase no ponto, polvilhe com o amendoim e com a castanha de caju. Mexa com cuidado, com o auxílio de uma escumadeira. Regue com o leite de coco e com o dendê e esquente por mais alguns minutos.

Para a farofa: refogue a cebola batidinha no dendê, tempere com sal e junte a farinha, mexendo até que todo o azeite seja absorvido e a farofa apresente uma cor amarela, uniforme. Além desta farofa, sirva também arroz branco e solto e molho de pimenta (cf. o capítulo "Acompanhamentos").

# Moqueca de camarão

(para 6)



**2 quilos de camarões médios; 2 limões; 1 cebola grande ralada; 1 dente de alho; 2 pimentas-malaguetas (opcional); 1 colher de chá de vinagre; 1 quilo de tomates grandes e maduros, sem peles nem sementes; 2 colheres de sopa cheias de coentro picado; ½ copo de azeite-de-oliva; 1 vidro pequeno de leite de coco; 1 xícara de chá de azeite-de-dendê (flor); sal.**

Tempere os camarões, limpos e lavados, com caldo de limão, sal e coentro, e deixe tomar gosto por 15 minutos. Doure a cebola ralada e o alho amassado no azeite. Coloque os camarões escorridos na frigideira de barro e refogue. Quando começarem a frigir, misture com os tomates grosseiramente amassados com o garfo e mexa bem. Cozinhe em fogo regular até obter um molho espesso. Acrescente as pimentas amassadas no vinagre, o leite de coco e espere ferver. Por último, acrescente o dendê. Sirva com arroz branco.

# Omelete de queijo

(1 porção)



**3 ovos; 2 colheres de sopa de leite; 1 colher de sopa mal cheia de manteiga; 1 colher de sopa de salsa picada (opcional); ⅔ de xícara de chá de queijo-de-minas curado, ralado ou picadinho; 1 colher de sopa de parmesão ralado; sal e pimenta.**

Bata os ovos com o leite. Misture com a salsinha e tempere com 1 pitada de sal. Esquente a manteiga numa frigideira média e despeje os ovos. Faça um movimento circular para espalhá-los. Quando começarem a coagular, coloque os queijos no centro, polvilhe com pimenta a gosto e enrole. Sirva no ponto que preferir, mais seca ou mais gelatinosa. Para acompanhar, pão francês e, sendo de gosto, pasta de berinjelas (cf. o capítulo "Acompanhamentos").

# Ossobuco à camponesa

(para 6)

140 **6 ossobucos; 2 copos de vinho branco seco; ½ copo de azeite; 1 cebola grande; 1 dente de alho; 1 limão; 1 colher de sopa de farinha de trigo; 2 tabletes de caldo de carne; 100 gramas de toucinho defumado magro; apenas a parte branca de 3 pés grandes de alho-poró; 6 cenouras médias; 6 talos de aipo limpos e sem a rama; 1 lata grande de *petit-pois;* 6 tomates grandes e maduros, sem peles nem sementes; 1 folha de louro; 1 colher de café rasa de tomilho; sal e pimenta.**

Limpe os ossobucos, lave e passe um barbante ao redor, para manter-lhes a forma. Tempere com caldo de limão, sal e pimenta. Frite o toucinho picado no azeite. Quando os torresmos estiverem quase prontos, misture com a cebola batidinha e com o alho picado e espere alourar. Coloque os ossobucos na panela e refogue até que estejam tostados por igual. Polvilhe com a farinha de trigo, mexa e molhe com o vinho. Acrescente os tabletes de caldo desmanchados em 3 copos de água quente e torne a mexer Tempere com o louro e o tomilho e misture com os tomates amassados. Espere ferver, abaixe o fogo, tampe e cozinhe em fogo brando por 1 hora. Retire então o barbante dos ossobucos. Misture a carne com o aipo cortado em tirinhas, as cenouras descascadas e em rodelas, e com os porós limpos e cortados em rodelas finas. Cozinhe por mais 1 hora, tendo o cuidado de escumar de vez em quando. Acrescente mais água, se julgar necessário, pois o molho não deverá ficar muito grosso. Quando a carne e os legumes estiverem macios, misture com os *petit-pois* escorridos e esquente por mais 10 minutos.

# Paçoca com feijão-de-corda

(para 6)

**1 quilo de carne-seca; 1 cebola grande; 1 colher de sopa cheia de banha de porco; 4 xícaras de chá de farinha de mandioca; 1 dente de alho; 1 pimenta-malagueta; 1 colher de sopa de salsa picada; 1 colher de sopa de cebolinha verde picada.** 

**Para o feijão: 3 bons amarrados de feijão-de-corda (feijão-verde, ou guandu, como também é conhecido); 1 colher de sopa de óleo; 1 cebola média; 1 dente de alho; 4 tomates grandes e maduros, sem peles nem sementes; sal e pimenta.**

Limpe a carne, retirando qualquer excesso de gordura, lave e deixe de molho de véspera. Troque a água duas vezes. No dia seguinte, escorra a carne e afervente por 10 minutos. Torne a escorrer e pique bem miudinha. Doure a cebola ralada e o alho amassado na banha. Refogue a carne e deixe fritar bem, em fogo brando. Misture então com a malagueta amassada e com a farinha. Soque num pilão ou, na falta deste, amasse bem com o batedor de carne, até obter uma espécie de farofa homogênea. Misture com a salsa e a cebolinha, prove o sal e reserve. Pique o feijão limpo e lavado em pedaços de 1 centímetro e cozinhe em água com sal. Escorra. Doure a cebola batidinha no óleo, junto com o dente de alho amassado, e refogue o feijão. Misture com os tomates bem amassados, tempere com pimenta, prove o sal e deixe em fogo brando até que o molho esteja grosso. Sirva bem quente, com a paçoca também quente. Sendo de gosto, acompanhe com bananas-da-terra cozidas e cortadas em roletes.

# Peixada à brasileira

(para 10)



**3 quilos de peixe cortado em postas, badejo ou pescada; 1 quilo de camarões médios; ½ quilo de mexilhões já cozidos e sem as conchas; 3 limões; 2 cebolas grandes raladas; 1 quilo de tomates grandes e maduros, sem peles nem sementes; 2 colheres de sopa cheias de coentro picadinho; 4 pimentões médios, 2 verdes e 2 vermelhos; 1 dente de alho; 1 colher de chá de caldo de pimenta; 1 copo de azeite; 10 batatas grandes descascadas e cozidas em água e sal; 10 ovos cozidos; 6 bananas-da-terra cozidas e cortadas ao meio; farinha de mandioca crua que baste; sal e pimenta.**

Lave as postas de peixe e tempere com caldo de 2 limões, sal e coentro. Lave também os camarões já limpos e tempere com caldo de 1 limão e sal. Esquente o azeite numa grande panela de barro e doure o alho amassado com 1 cebola ralada. Coloque as postas de peixe na panela. Cubra com 1 cebola ralada, os pimentões limpos e cortados em tiras não muito finas. Junte os camarões escorridos e os tomates grosseiramente amassados e ferva em fogo forte e panela destampada por 5 minutos. Abaixe o fogo, tempere com caldo de pimenta e junte os mexilhões. Cozinhe em panela destampada por cerca de 20 minutos, pois o peixe não deve se desmanchar. Retire quase todo o caldo da peixada, misture com 3 conchas de água quente com sal e vá despejando a farinha de mandioca em chuva, mexendo com colher de pau até obter um pirão não muito duro, cozido e transparente. Arrume a peixada no centro de uma grande travessa e cerque com as batatas, com os ovos cozidos e com as bananas-da-terra. Sirva o pirão em outra travessa. Sendo de gosto, acompanhe com molho de pimenta (cf. o capítulo "Acompanhamentos"), misturado com um pouco de caldo da peixada.

# Palmitada com ovos

(para 2)

144 **2 latas grandes de palmito; 6 ovos; 1 cebola grande; 6 tomates grandes e maduros, sem peles nem sementes; 1 colher de sopa de puro purê de tomates; 1 colher de sopa cheia de manteiga; 2 colheres de sopa de salsa crespa picadinha; sal e pimenta.**

Doure a cebola ralada na manteiga e refogue o palmito escorrido e grosseiramente picado. Misture com os tomates amassados e com o puro purê. Tempere com sal e pimenta e deixe em fogo brando até que o molho esteja espesso. Abra espaços na palmitada com a ajuda de uma colher de sopa e neles quebre os ovos. Polvilhe com um pouquinho de sal e pimenta e tampe. Deixe em fogo brando até que as claras estejam cozidas. Polvilhe com a salsinha no momento de servir.

*Preferindo, use um pouco de queijo parmesão ralado, ao invés da salsinha.*

# Peixe abafado com pirão de farinha de mesa

(para 4)

**1 vermelho de 1½ quilo; 4 tomates grandes e maduros, sem peles nem sementes; 2 colheres de sopa de salsa picada; 1 colher de sopa de coentro picado; 1 colher de sopa de cebolinha verde picada; 1 limão; 1 cebola grande; farinha de mandioca não tostada, que baste; ½ copo de azeite; 8 batatas médias; sal e pimenta.** 

Corte o peixe, limpo, escamado e lavado, em postas não muito finas. Aproveite inclusive a cabeça e a ponta do rabo. Tempere com caldo de limão, sal e pimenta. Esquente o azeite e doure a cebola batidinha ou ralada. Coloque o peixe na panela e cubra com os tomates bem amassados, a salsa, a cebolinha e o coentro. Espere levantar fervura, abaixe o fogo e tampe. Deixe cozinhar por 15 minutos. Descasque as batatas e cozinhe em água e sal. Retire quase todo o caldo do peixe, quando o mesmo estiver cozido e firme, e misture com 3 conchas de água quente com sal. Leve ao fogo regular, despejando a farinha de mandioca em chuva e sempre batendo com colher de pau até obter um pirão não muito duro, fofo e transparente. Misture o peixe com as batatas e esquente por mais alguns minutos. Sirva o peixe com batatas numa travessa e o pirão em separado.

# Peixe assado

(para 4)

146 **1 anchova grande, de não menos de 1½ quilo; 1 cebola média; 2 folhas de louro; 2 limões; ½ copo de azeite; 2 colheres de sopa de salsa picada; 1 colher de sopa de coentro picado; 1 colher de sopa de cebolinha verde picada; sal e pimenta.**

Lave a anchova inteira, limpa e escamada, escorra e tempere com o caldo de 1 limão, coentro, sal, pimenta e 1 colher de sopa de azeite. Deixe tomar gosto por 15 minutos. Misture a cebola e o louro picados com a salsa e a cebolinha. Recheie a cabeça e a barriga do peixe com esta mistura e coloque-o numa assadeira untada com um pouquinho de azeite. Regue a anchova com o caldo no qual esteve de molho e leve ao forno regular e pré-aquecido por cerca de 40 minutos no total. Logo que começar a frigir, regue com o restante do azeite e com o caldo coado de 1 limão. Regue o peixe enquanto assa, com seu próprio molho. Sirva por exemplo com salada mista ou então com purê de batatas (cf. o capítulo "Acompanhamentos").

# Peixe dorê com molho de camarão

(para 4)



**4 filés de pescada grandes e grossos; 1 limão; 1 colher de sopa de manteiga; farinha de trigo que baste; óleo para a fritura; ½ quilo de camarões miúdos; 1 cebola média; 3 colheres de sopa de azeite; 1 quilo de tomates grandes e maduros, sem peles nem sementes; 1 dente de alho; 1 colher de café rasa de grãos de coentro amassados; 1 colher de sopa cheia de salsinha; 2 colheres de sopa de puro purê de tomates; sal e pimenta.**

Tempere os filés de peixe com caldo de ½ limão, sal e pimenta. Faça o mesmo com os camarões limpos e lavados. Doure a cebola batidinha e o alho picado no azeite e refogue os camarões. Quando estiverem frigindo, misture com os tomates bem amassados com o garfo, o puro purê e os grãos de coentro. Prove o sal e a pimenta. Espere ferver, tampe e cozinhe em fogo brando até obter um molho espesso. Escorra os filés de peixe e besunte com um pouco de manteiga amolecida. Passe por farinha de trigo e sacuda um pouco para que depois não encharquem. Frite em bastante óleo fervente e escorra em papel absorvente. Arrume numa travessa e cubra com o molho de camarão. Sirva com arroz ou com purê de batatas. O peixe dorê sem o molho de camarão pode, além disso, ser servido com salada de batatas (cf. o capítulo "Acompanhamentos").

*Caso prefira, passe os filés por ovos batidos, depois por farinha de rosca, e frite conforme indicado.*

# Peixe frito ao escabeche

(para 4)

148 **8 postas não muito grossas de anchova ou tainha; 2 limões; farinha de trigo que baste; óleo para a fritura; sal e pimenta.**
**Para o escabeche: 1½ quilo de tomates grandes e maduros; 3 cebolas grandes; 2 dentes de alho; 2 pimentões grandes, sem peles nem sementes, 1 verde e 1 vermelho; 1 colher de sopa cheia de salsa picadinha; 1 molho pequeno de coentro; ½ copo de azeite; 4 colheres de sopa de puro purê de tomates; ½ copo de vinagre branco.**

Lave as postas de peixe, escorra e tempere com sal, pimenta e caldo de limão. Deixe tomar gosto por 10 minutos. Torne a escorrer bem, passe por farinha de trigo e frite em boa quantidade de óleo quente. Escorra em papel absorvente, arrume numa travessa de louça ou vidro e reserve. Cozinhe os tomates sem sementes com 1½ cebola picada, o molho de coentro, 1 dente de alho, o puro purê, sal e 2 copos de água. O molho deve ficar espesso. Retire o molho de coentro e passe primeiro pelo liquidificador e depois pela peneira. Escume. Esquente o azeite e doure o restante da cebola cortada em rodelas finas com 1 dente de alho picado. Misture com os pimentões cortados em tiras finas. Espere frigir e acrescente o molho de tomates. Prove o sal e a pimenta. Junte ½ copo de água e cozinhe por alguns minutos. Misture então com o vinagre e deixe ferver. Retire do fogo e despeje sobre o peixe frito. Polvilhe com a salsinha e sirva quente ou completamente frio, sendo que neste caso é preferível preparar-se o escabeche de véspera. No caso de servir o escabeche quente, acompanhe-o com purê de batatas ou arroz (cf. o capítulo "Acompanhamentos"). Quando servido frio, é preferível guarnecê-lo com batatas cozidas e também frias, ou então consumi-lo com pão francês.

# Pernil de porco assado

(para 12)

150 **1 pernil de porco de cerca de 5 quilos; 2 limões; 1 cebola grande; 2 dentes de alho; 2 folhas de louro; 6 cravinhos; ½ colher de café de noz-moscada; 1 colher de sobremesa de açúcar; 1 garrafa de vinho branco seco; 1 pedaço de casca de laranja; 2 colheres de sopa de azeite; 2 colheres de sopa de óleo; 1 pacote de *bacon* em fatias; sal e pimenta.**

Limpe o pernil e lave com água e caldo de limão. Misture a cebola ralada com o alho picado, o louro, os cravinhos, noz-moscada, açúcar, a casca de laranja, o vinho, açúcar, sal e pimenta a gosto. Coloque o pernil de molho de véspera nesta vinha-d'alhos. No dia seguinte, unte uma assadeira com o óleo e aí coloque o pernil escorrido. Unte-o com o azeite e cubra com fatias de *bacon*. Leve ao forno regular e pré-aquecido por um total de 6 horas. Quando começar a frigir, vá regando o pernil com a vinha-d'alhos coada, picando a carne com a ponta da faca para que o tempero entranhe. Ao final do cozimento, o pernil deverá estar bem tostado e a carne completamente cozida. Sirva quente ou frio. O fundo da assadeira deve ser desmanchado em um pouco de água, e este molho servido em separado. O *bacon* não é aproveitado. Se o pernil for servido quente, acompanhe-o por exemplo com arroz de lentilhas, ou arroz branco, farofa de banana e creme de milho. Se for servido frio, prepare uma salada de batatas ou uma salada mista (cf. o capítulo "Acompanhamentos").

# Pescadinhas fritas com batatas

(para 4)



**4 pescadinhas; 2 limões; 2 cebolas médias; 1 colher de sopa de coentro picado; 1 colher de sopa de salsa picadinha; 8 batatas grandes; 2 colheres de sopa de azeite; farinha de trigo que baste; óleo para a fritura; sal e pimenta.**

Lave as pescadinhas com as cabeças, limpas e escamadas. Misture o caldo de 1 limão com o azeite, 1 cebola ralada, o coentro, sal e pimenta, e deixe as pescadinhas tomando gosto por 15 minutos. Escorra bem os peixes e passe pela farinha de trigo. Frite em óleo quente e escorra em papel absorvente quando estiverem douradas. Sirva as pescadinhas com as batatas cozidas e polvilhadas com a salsa e com 1 cebola cortada em rodelas finas. O azeite, para acompanhar, é indispensável.

# Picadinho à brasileira com banana frita

(para 10)

152 **2 quilos de alcatra; 1 cebola grande; 1 dente de alho; 1 folha de louro; 4 tomates grandes e maduros, sem peles nem sementes; 1 colher de sopa de puro purê de tomates; 100 gramas de toucinho defumado magro; 1 limão; 1 colher de sobremesa de molho inglês; 1 colher de sobremesa de mostarda clara; 12 bananas-prata; óleo para a fritura; sal e pimenta.**

Limpe a carne, retirando qualquer vestígio de sebo ou gordura, e não lave. Corte bem miúda, em pequenas lascas, trabalhando com a faca inclinada. Tempere com sal, pimenta e caldo de limão. Frite o toucinho picado em 1 colher de sopa de óleo. Quando os torresmos estiverem quase no ponto, misture com a cebola ralada ou batidinha e com o alho amassado. Espere alourar. Refogue a carne até que comece a frigir e tostar. Misture então com os tomates bem amassados e com o puro purê. Tempere com o louro, o molho inglês e a mostarda. Prove o sal e a pimenta e, quando ferver, molhe com 2 copos de água. Cozinhe em fogo brando, até que a carne esteja macia (porém sem se desmanchar) e o molho grosso. Acrescente mais água se julgar necessário. Corte as bananas em fatias não muito finas, frite em óleo quente e escorra em papel absorvente. Sirva o picadinho com as bananas fritas, arroz branco, farofa na manteiga e creme de milho (cf. o capítulo "Acompanhamentos").

# Pimentões recheados ao molho de tomate

(para 6)



**12 pimentões verdes médios; 1 quilo de carne moída; 1 cebola média; 1 dente de alho; 1 limão; 4 colheres de sopa de óleo; 1 colher de chá de molho inglês; 3 ovos cozidos; ½ xícara de chá de azeitonas pretas picadas; 1 colher de sopa de puro purê de tomates; ½ xícara de chá de queijo parmesão ralado; 1 colher de sopa cheia de farinha de rosca.**

**Para o molho: 1 quilo de tomates grandes e maduros; ½ lata de puro purê de tomates; 1 cebola grande; 1 dente de alho; 1 folha de louro; sal e pimenta.**

Lave os pimentões, corte uma tampa e retire as sementes com cuidado. Afervente por 10 minutos em água e sal. Escorra, seque sobre um guardanapo e reserve.

Para o molho: misture os tomates picados e sem sementes com a cebola e o alho também picados Junte o puro purê, o louro, e tempere com sal e pimenta. Molhe com 2 copos de água e cozinhe até que os tomates estejam se desmanchando. Retire o louro e passe primeiro pelo liquidificador e depois pela peneira. Escume e reserve. Tempere a carne com caldo de limão, sal e pimenta. Doure a cebola batidinha e o alho picado no óleo. Refogue a carne, soltando com o garfo para que não empelote. Espere frigir e tempere com o puro purê e o molho inglês. Mexa bem e deixe em fogo brando por 10 minutos. Prove o sal e a pimenta e misture com as azeitonas e com os ovos picados. Encha os pimentões com o picadinho e recoloque a tampa. Arrume-os numa travessa. Cubra com o molho. Polvilhe com o parmesão misturado à farinha de rosca. Passe pelo forno quente e pré-aquecido, até que o queijo esteja tostado. Sirva com arroz branco.

# Quibebe com carne-seca

(para 6)

154 **1 quilo de carne-seca; 4 colheres de sopa de óleo; 100 gramas de toucinho defumado magro; 1 cebola grande; 1 dente de alho; 4 tomates grandes e maduros, sem peles nem sementes; 1 folha de louro; 1 pimentão verde grande; 1 pimenta-malagueta.**
**Para o quibebe: 2 quilos de abóbora vermelha; 2 colheres de sopa de azeite; 1 cebola média; 1 molho de salsa e cebolinha; 1 colher de sopa de manjericão fresco picado; 1 tablete de caldo de carne; 1 colher de sopa de maisena; 1 colher de café de açúcar; sal e pimenta.**

Coloque a carne-seca de molho de véspera e troque a água duas vezes. Escorra e afervente por 10 minutos. Torne a escorrer, reservando 1 copo de água do cozimento, e pique a carne bem miudinha. Frite o toucinho picado no óleo. Junte a cebola batidinha e o alho amassado e espere alourar. Misture com o pimentão limpo e cortado em tirinhas e refogue a carne até que comece a frigir. Misture com os tomates amassados e com a pimenta também amassada. Junte o louro e molhe com a água do cozimento que foi reservada, mais 1 copo de água quente. Mexa e cozinhe em fogo brando até que a carne esteja macia e o molho bem grosso.
Prepare o quibebe: corte a abóbora limpa e lavada em pedacinhos. Doure a cebola batidinha no azeite e refogue a abóbora. Molhe com o tablete de caldo dissolvido em 2 copos de água. Tempere com o açúcar e um pouco de pimenta, junte o molho de salsa e cebolinha e cozinhe até que a abóbora esteja bem macia e sem caldo. Retire o molho de cheiros e passe pela peneira. Misture com a maisena e en-

grosse ligeiramente em fogo brando. Misture este purê com a carne-seca e mexa bem. Prove o sal e a pimenta, esquente e, por último, acrescente o manjericão fresco.

# Rabada com agrião

(para 8)



**2 rabadas grandes; 2 limões; 1 garrafa de vinho branco seco; 1 quilo de tomates grandes e maduros, sem peles nem sementes; 2 cebolas grandes; 2 dentes de alho; 2 folhas de louro; 1 colher de café de tomilho; 150 gramas de toucinho defumado magro; 1 colher de chá de caldo de pimenta; 2 colheres de sopa de óleo; farinha de mandioca crua que baste; 6 molhos grandes de agrião; sal e pimenta.**

Limpe a rabada já cortada pelos nós, de modo a retirar qualquer vestígio de sebo ou excesso de gordura. Lave em água com o caldo dos limões. Misture o vinho com 1 cebola picada, 1 dente de alho amassado, 1 folha de louro, o tomilho, sal e pimenta. Deixe a rabada de molho na vinha-d'alhos por 4 horas. Frite o toucinho picado no óleo. Misture com 1 cebola batidinha e com 1 dente de alho amassado e espere alourar. Refogue a rabada escorrida até que comece a frigir e tostar. Misture com os tomates amassados e molhe com a vinha-d'alhos coada. Deixe ferver por 2 minutos, abaixe o fogo, junte 2 copos de água quente, tampe e deixe cozinhando em fogo brando, acrescentando mais água na medida do necessário. Escume de vez em quando, para retirar o excesso de gordura. A rabada deve ficar com bastante caldo. Quando estiver quase no ponto, misture com o agrião limpo e grosseiramente picado. Prove o sal e tempere com o caldo de pimenta. Retire quase todo o caldo da rabada para outra panela e vá juntando farinha de mandioca em chuva, sempre mexendo com colher de pau até obter um pirão não muito duro. Bata bem, para que fique fofo e transparente. Despeje a rabada com agrião numa terrina e tampe. Sirva o pirão em separado.

*O pirão de farinha de mesa pode ser substituído por polenta. Consulte, para tanto, a receita de "Frango ao molho pardo" neste mesmo capítulo.*

# Posta de peixe com brócolis

(para 4)

158 **4 postas grandes e grossas de badejo ou pescada; 1 molho grande de brócolis; 8 batatas médias; 1 cebola grande; 1 molho de salsa e cebolinha; 1 limão; 1 copo de vinho branco seco; ½ copo de azeite; 1 colher de café rasa de bicarbonato; sal e pimenta.**

Tempere o peixe com caldo de limão, sal e pimenta. Esquente o azeite e misture com a cebola ralada. Coloque o peixe na caçarola. Espere levantar fervura, molhe com o vinho e junte o molho de cheiros. Tampe e deixe em fogo brando por 15 minutos. Limpe o brócolis, separe em buquês e cozinhe *al dente* em água com sal e o bicarbonato, com a panela destampada para que fique bem verde. Escorra. Arrume o peixe, com o molho e sem o molho de salsa e cebolinha, numa travessa grande. Cerque com os buquês de brócolis, intercalados com as batatas cozidas. Regue com um fio de azeite e sendo de gosto complete com rodelas de cebola crua ou com dentes de alho cru.

# Ragu de carne com batatas

(para 6)

**1 quilo de chã-de-dentro; 1 quilo de batatas; 1 cebola grande; 100 gramas de toucinho defumado magro; 2 colheres de sopa de óleo; 2 folhas de louro; 1 dente de alho; 1 colher de café de tomilho; 1 colher de café de molho inglês; 1 colher de sobremesa de mostarda clara; 1 lata de cerveja; 1 colher de sopa de salsa picada; sal e pimenta.**

Limpe a carne, retirando qualquer vestígio de sebo ou gordura, não lave e corte em cubos regulares e não muito pequenos. Frite o toucinho picado no óleo. Quando os torresmos estiverem quase prontos, misture com a cebola batidinha e com o alho amassado e espere alourar. Refogue a carne até que comece a fritar e tostar. Tempere com sal, pimenta, louro, tomilho e molho inglês. Molhe com a cerveja e acrescente a mostarda. Mexa bem e espere ferver. Abaixe o fogo, tampe e cozinhe até que a carne esteja macia. Só acrescente água se julgar imprescindível. Cozinhe as batatas, descascadas e cortadas em pedaços médios, em água e sal. Escorra. Despeje a carne com molho no centro da travessa. Cerque com as batatas polvilhadas com a salsinha. Sirva bem quente, com arroz branco.

# Risoto de camarão

(para 6)

160 **750 gramas de camarões miúdos; 1 limão; 1 cebola média; 6 tomates grandes e maduros, sem peles nem sementes; 2 tabletes de caldo de galinha; 1 colher de sopa de coentro picado; 2 colheres de sopa de azeite; 1 colher de sopa de puro purê de tomates; 1 pimentão vermelho grande, sem peles nem sementes; 3½ xícaras de chá de arroz; 1 lata pequena de palmito; 1 xícara de chá de queijo parmesão ralado; sal e pimenta.**

Tempere os camarões limpos e lavados com caldo de limão, sal, pimenta e coentro. Enquanto o camarão toma gosto, cozinhe o arroz, triado, lavado e escorrido, em 6 xícaras de chá de água na qual se desmanchou os tabletes de caldo. Deve ficar cozido *al dente* e bem solto. Doure a cebola batidinha no azeite e refogue os camarões. Espere levantar fervura e misture com os tomates bem amassados, com o pimentão em tirinhas e com o puro purê. Cozinhe em fogo regular até que o molho esteja espesso. Misture com o palmito escorrido e picadinho e com o arroz. Junte metade do queijo, mexa e esquente em fogo brando. Despeje numa travessa, polvilhe com o restante do queijo e passe pelo forno quente e pré-aquecido, apenas para alourar o parmesão.

# Rosbife

(para 8)

**2 quilos de filé mignon ou contrafilé; 1 colher de sopa bem cheia de manteiga; sal e pimenta.** 

Limpe a carne e não lave. Amarre todo o rosbife com barbante grosso, para que o peso mantenha o seu formato. Besunte a carne com a manteiga e leve ao forno quente e pré-aquecido por 1 hora. ½ hora após iniciado o cozimento, tempere a carne com sal e pimenta e continue a regá-la com o próprio molho, virando-a de vez em quando para que toste por igual. Retire o barbante e sirva quente ou frio.

*A salada de batatas ainda é o melhor acompanhamento para o rosbife frio. Se preferir porém servi-lo quente, escolha entre um creme de milho, purê de batatas ou jardineira de legumes (cf. o capítulo "Acompanhamentos").*

# Roupa-velha

(para 2)

162 **2 xícaras de chá de carne assada sem molho (sobras), desfiada bem fininha; 6 ovos; 2 colheres de sopa de leite; 1 cebola pequena; 1 pimentão verde pequeno; 1 colher de sopa de manteiga; sal e pimenta.**

Doure a cebola batidinha na manteiga. Junte o pimentão limpo e cortado em tirinhas. Refogue a carne desfiada e tempere com um pouco de pimenta. Bata os ovos como para omelete com o leite e 1 pitada de sal. Despeje sobre a carne e mexa com o garfo até que os ovos estejam cozidos. Sirva apenas com pão francês, ou então com arroz e feijão caseiros (cf. o capítulo "Acompanhamentos").

# Talharim com galinha

(para 6)



**½ quilo de talharim tipo fita; 1 frango de cerca de 1,200 quilo; 1 limão; 1 cebola grande; 1 quilo de tomates grandes e maduros, sem peles nem sementes; 1 folha de louro; 2 colheres de sopa de manteiga; 1 colher de sopa de óleo; 1 xícara de chá de queijo parmesão ralado; sal e pimenta.**

Limpe o frango, lave, corte em pedaços e tempere com caldo de limão, sal e pimenta. Esquente a manteiga até alourar e frite os pedaços de frango. Misture com a cebola batidinha, mexa bem e acrescente os tomates amassados. Prove o sal e a pimenta, espere ferver, molhe com 1 copo de água quente e cozinhe até que o frango esteja macio. Junte um pouco mais de água durante o cozimento, pois deve-se obter uma boa quantidade de molho. Retire os pedaços de frango já macios e limpe de peles, ossos e cartilagens. Separe em lascas não muito pequenas. Passe o molho pela peneira e misture com o frango. Mantenha em fogo bem brando. Ferva bastante água com sal, 1 colher de sopa de óleo e o louro, e cozinhe o talharim *al dente*. Misture com 2 copos de água fria, retire o louro e escorra. Arrume numa grande travessa camadas alternadas de massa e frango com molho, terminando com uma camada de talharim. Cubra com o parmesão e sirva em seguida.

# Talharim com almôndegas

(para 6)



**½ quilo de talharim tipo ninho; 1 folha de louro; 1 colher de sopa de óleo; sal e pimenta.**
**Para as almôndegas: ½ quilo de carne moída; 200 gramas de presunto moído; 1 xícara de chá cheia de miolo de pão francês amanhecido, embebido em leite e levemente espremido para que não fique encharcado; 1½ xícara de chá de farinha de rosca; 2 colheres de sopa de salsa picada; 1 cebola média ralada; óleo para a fritura.**
**Para o molho: 1 quilo de tomates grandes e maduros, sem sementes; 1 lata de puro purê de tomates; 1 cebola grande; 1 dente de alho; 2 tabletes de caldo de carne; 1 colher de sopa de azeite; 1 colher de chá de orégano.**

Comece pelo molho. Coloque na panela os tomates, a cebola e o alho picados. Misture com o puro purê, o orégano, o azeite, os tabletes de caldo e um pouco de pimenta. Molhe com 1½ litro de água e cozinhe em fogo brando até que os legumes estejam se desmanchando. Passe primeiro pelo liquidificador e depois pela peneira. Escume e reserve. Deve-se obter cerca de 1 litro de molho bem espesso.
Prepare então as almôndegas: misture a carne com o presunto, o miolo de pão, a cebola ralada, a salsa e ½ xícara de chá de farinha de rosca. Tempere com sal e pimenta. Forme bolinhas, role pela farinha de rosca, frite em óleo quente, porém a fogo não muito forte para que a carne possa cozinhar, e escorra em papel absorvente. Misture as almôndegas com o molho e mantenha em fogo bem brando.
Cozinhe a massa *al dente,* em bastante água com sal, o louro e 1 colher de sopa de óleo. Misture com 2 copos de água fria, retire o louro e escorra bem.

Arrume numa travessa grande e cubra com as almôndegas no molho. Polvilhe com um pouquinho mais de pimenta moída na hora. 

*O uso do queijo parmesão, servido em separado, é facultativo.*

# Tripas à moda do Porto

(para 8)

166 **1 quilo de tripas de boi; ½ quilo de bucho; 1 mocotó de boi não muito grande; 2 paios; 250 gramas de toucinho defumado magro; 2 limões; 1 quilo de cebolas; ½ quilo de cenouras; 2 dentes de alho; apenas a parte branca de 2 pés de alho-poró; 2 folhas de louro; 1 colher de café de segurelha; 1 colher de sopa de banha de porco; 1 colher de sopa de manteiga; 1 garrafa de vinho branco seco; sal e pimenta.**

Limpe e lave as tripas, o bucho e o mocotó. Deixe ½ hora de molho em água fria com sal e caldo dos limões. Escorra. Corte as tripas e o bucho em pequenos quadrados. Derreta a manteiga junto com a banha e frite o toucinho picado. Misture com as cebolas cortadas em rodelas finas e com o alho amassado. Espere alourar. Refogue então as tripas, o bucho e o mocotó aos pedaços, até que comecem a frigir. Junte os alhos-porós inteiros e limpos e as cenouras descascadas e aos pedaços. Tempere com sal, pimenta, louro e segurelha. Molhe com o vinho e deixe ferver por 5 minutos. Abaixe bem o fogo, tampe e cozinhe por cerca de 3 horas. Durante o cozimento acrescente um pouco mais de água se julgar necessário. Após 3 horas, retire o louro, o mocotó, os alhos-porós e as cenouras. Misture com os paios passados por água quente e cortados em rodelas. Cozinhe por mais ½ hora. O molho deve ficar dourado e espesso, devido à gelatina do mocotó. Sirva com arroz branco.

# Tutu à mineira com lingüiça e ovos estrelados

(para 4)

**½ quilo de feijão-preto cozido à moda caseira (cf. o capítulo "Acompanhamentos"), grãos e caldo em partes iguais; 1 cebola pequena; 1 dente de alho; 1 colher de sopa de salsa picada; 1 colher de sopa de cebolinha verde picada; ½ quilo de lingüiça de porco fresca e da grossa; 8 ovos; farinha de mandioca que baste; óleo para a fritura; sal e pimenta.**

Corte a lingüiça em 4 pedaços e frite em 2 colheres de sopa de óleo até que esteja bem tostada. Para tanto, e enquanto frita, é necessário picá-la com um garfo. Retire, escorra em papel absorvente e mantenha em local aquecido. Esquente 2 colheres de sopa desta fritura e doure a cebola e o alho picadinhos. Misture com o feijão. Prove o sal e acrescente a salsa e a cebolinha. Vá então misturando com farinha de mesa despejada em chuva, sempre mexendo com colher de pau até obter um tutu não muito duro e bem cozido. Frite os ovos dois a dois em bastante óleo, tendo o cuidado de cobrir a gema com a clara. O ovo fica como um pastel. Despeje o tutu numa travessa. Cubra com os ovos fritos polvilhados com um pouco de sal. Cerque com a lingüiça frita e tostada, polvilhada com pimenta moída na hora.

# Viradinho de arroz

(para 6)

168 **3 xícaras de chá de arroz; 3 conchas de grãos de feijão-roxinho preparado à moda caseira (cf. o capítulo "Acompanhamentos"); 200 gramas de toucinho defumado magro; 8 ovos; 2 colheres de sopa de óleo; 1 dente de alho; 1 xícara de chá de queijo parmesão ralado; sal e pimenta.**

Pique o toucinho e frite no óleo até obter torresmos. Retire e escorra em papel absorvente. Esquente 2 colheres de sopa desta fritura e doure o alho cortado ao meio. Refogue o arroz triado, lavado e escorrido, até que comece a frigir. Tempere com sal e molhe com 6 xícaras de chá de água quente. Mexa e cozinhe até que esteja macio e bem solto. Faça os ovos mexidos em ponto mole, temperados com um pouco de pimenta, no restante da fritura do toucinho. Misture com os torresmos, os grãos de feijão, o arroz e o queijo. Mexa bem e sirva quente.

*O viradinho de arroz pode ser servido simples, ou como acompanhamento, por exemplo, para carne assada, bifes ou frango assado.*

# Virado à paulista

(para 8)



**½ quilo de feijão-mulatinho; 250 gramas de toucinho defumado; 1 folha de louro; 2 dentes de alho; 1 cebola grande; 2 colheres de sopa de banha de porco; 4 colheres de sopa de salsa picadinha; farinha de milho que baste; 2 pimentinhas-malagueta; 1 colher de sobremesa mal cheia de vinagre; sal.**

Cozinhe o feijão triado e lavado em água com sal e o louro. Deve ficar macio, porém com os grãos inteiros e pouco caldo. Pique o toucinho e frite na banha até obter torresmos. Retire e escorra em papel absorvente. Doure a cebola batidinha e o alho picado em 4 colheres de sopa da fritura dos torresmos. Misture com o feijão e prove o sal. Acrescente as malaguetas amassadas com o vinagre. Vá juntando farinha de milho em chuva, sempre mexendo, até obter um farofão úmido. Acrescente os torresmos e a salsinha. Mexa bem e sirva quente.

*O virado à paulista pode ser servido simples, ou por exemplo com fatias de carne assada, bifes ou ovos estrelados.*

# Acompanhamentos

# Arroz caseiro

(para 6)



**3 xícaras de chá de arroz agulha; 2 colheres de sopa de óleo; 3 dentes de alho; 6 xícaras de chá de água quente; 1 colher de sobremesa de vinagre branco ou caldo coado de limão; sal.**

Lave bem o arroz triado, de modo a retirar-lhe todo o excesso de goma. Escorra até que esteja seco. Esquente o óleo e doure os dentes de alho cortados ao meio. Refogue o arroz em fogo brando, até que fique solto e comece a frigir. Tempere com sal e retire os pedaços de alho, pois sua finalidade é apenas perfumar o arroz. Molhe com as 6 xícaras de chá de água quente, mexa bem, misture com o vinagre ou caldo de limão e deixe ferver em fogo forte por 3 minutos. Torne a mexer, abaixe bem o fogo, tampe e assim termine o cozimento. Quando o arroz já estiver praticamente no ponto e seco, dê-lhe uma boa mexida e termine o cozimento com a panela destampada.

*A finalidade do vinagre ou caldo de limão é garantir um arroz bem solto e* al dente.

# Arroz com lentilhas

(para 8)

174 **3 xícaras de chá de arroz agulha; 250 gramas de lentilhas; 50 gramas de toucinho defumado; 4 cebolas grandes; 1 folha de louro; 2 dentes de alho; óleo que baste; sal e pimenta.**

Cozinhe o arroz *al dente,* em 6 xícaras de chá de água quente com sal. Separadamente, cozinhe as lentilhas em água com sal, o louro e o toucinho. As lentilhas devem ficar macias, porém sem caldo e sem se desmanchar. Para tanto, é necessário manter seu cozimento em grande quantidade de água. Doure o alho picadinho em 1 colher de sopa de óleo e refogue as lentilhas bem escorridas. Prove o sal e tempere com um pouco de pimenta. Misture bem as lentilhas com o arroz já pronto e mantenha em local aquecido. Frite as cebolas cortadas em rodelas finas em óleo quente e escorra em papel absorvente. Devem ficar tostadas e secas. Arrume o arroz com lentilhas numa travessa e cubra com a cebola frita. Polvilhe com um pouquinho mais de pimenta e sirva enquanto está bem quente.

# Couve à mineira

(para 4)



**6 bons molhos de couve; 2 dentes de alho; 150 gramas de toucinho defumado magro; 1 colher de sopa de óleo; sal.**

Limpe a couve, suprimindo os talos e a nervura central. Corte bem fininha dentro de uma tigela de água fria com sal. Pique o toucinho e frite no óleo até obter torresmos. Retire e escorra em papel absorvente. Doure o alho picadinho em 2 colheres de sopa da fritura dos torresmos. Misture com a couve escorrida e seca sobre um guardanapo. Refogue em fogo forte, soltando com o garfo, para que fique verdinha e toda a água evapore. Arrume numa travessa e salpique com os torresmos.

# Creme de milho

(para 4)

176 **2 latas de milho verde em grãos; 1 cebola pequena; 1 colher de sopa cheia de manteiga; 3 copos de leite; 2 colheres de sopa bem cheias de farinha de trigo; 2 gemas cruas; 2 colheres de sopa de queijo parmesão ralado; sal e pimenta.**

Doure a cebola batidinha na manteiga e refogue os grãos de milho escorridos. Misture bem com a farinha de trigo. Molhe com o leite e com a água do milho. Junte as gemas, tempere com sal e pimenta e engrosse em fogo brando, mexendo com colher de pau. Misture com o queijo, no momento de servir.

# Farofa de banana

(para 4)



**3 xícaras de chá de farinha de mesa tostadinha; 4 bananas-prata maduras; 1 colher de sopa cheia de manteiga; sal e pimenta.**

Corte as bananas em rodelas de cerca de um dedo de espessura. Esquente a manteiga e salteie as bananas em fogo forte, até que estejam levemente douradas. Retire do fogo, tempere com sal e pimenta e molhe com 2 colheres de sopa de água quente. Acrescente a farinha e leve ao fogo brando, mexendo com cuidado, para não esmigalhar as bananas.

# Farofa de ovo

(para 4)

178 **3 xícaras de chá de farinha de mesa tostadinha; 3 ovos; 1 colher de sopa de manteiga; 1 cebola pequena; 1 colher de sopa cheia de salsa crespa picadinha (opcional); sal e pimenta.**

Bata os ovos como para omelete com 2 colheres de sopa de água fria e tempere com sal e pimenta a gosto. Esquente a manteiga, doure a cebola batidinha e misture com os ovos, batendo com o garfo. Quando os ovos começarem a coagular, acrescente a farinha e misture bem. Sirva mais seca ou úmida, conforme o gosto. Por último, acrescente a salsinha.

# Farofa na manteiga

(para 4)



**3 xícaras de chá de farinha de mesa crua; 2 colheres de sopa de manteiga; sal e pimenta.**

Leve a farinha ao fogo brando, numa frigideira limpa e seca. Vá mexendo com colher de pau até que a farinha esteja tostada por igual. Tenha cuidado, pois a farinha quando começa a esquentar queima muito rapidamente. Em outra frigideira, derreta a manteiga até que esteja alourada. Tempere com uma pitada de sal e pimenta e misture bem com a farinha tostada, enquanto a mesma está quente.

# Feijão caseiro

(para 10)

180 **1 quilo de feijão-preto (mulato, branco ou roxinho); 100 gramas de toucinho defumado; 2 folhas de louro; 2 dentes de alho; sal.**

Deixe, de preferência, o feijão, triado e lavado, de molho de véspera em 3 litros de água fria. Leve então ao fogo regular, com o pedaço de toucinho e o louro. Tempere com 1 colher de sobremesa rasa de sal e cozinhe até que os grãos estejam macios e o caldo grosso. Durante o cozimento, acrescente mais água, na medida do necessário. Retire o louro. Esquente o óleo e doure o alho picadinho. Misture com 2 conchas de grãos, amasse um pouco e tempere o feijão. Prove o sal e deixe em fogo brando por mais 10 minutos.

*Além do toucinho, pode-se naturalmente enriquecer o feijão — e acentuar seu sabor — com um pequeno pedaço de carne-seca ou com um paio.*

# Jardineira de legumes

(para 6)

**½ molho de brócolis; 3 batatas grandes; 3 cenouras grandes; 250 gramas de vagem-macarrão; 2 beterrabas médias; ½ repolho branco dos pequenos; 1 lata pequena de palmito; 3 ovos cozidos; 1 colher de café de bicarbonato; 1 colher de sopa de vinagre; 1 colher de sobremesa de açúcar; sal e pimenta.** 

Limpe os brócolis, separe em buquês e cozinhe *al dente,* em água com sal e bicarbonato. Cozinhe as beterrabas com casca, em água com sal, açúcar e vinagre. Escorra, descasque e corte em rodelas ou bastões. Cozinhe as vagens, limpas e cortadas em pedaços regulares, em água e sal. Corte as cenouras descascadas em rodelas grossas e cozinhe em água e sal. Faça o mesmo com as batatas. Rasgue as folhas de repolho em pedaços não muito pequenos e afervente em água e sal. Arrume os diversos legumes, inclusive o palmito escorrido e cortado em rodelas, numa grande travessa, agrupados segundo o tipo. Guarneça com os ovos cozidos cortados ao meio no sentido do comprimento e polvilhados com um pouquinho de pimenta. Sirva com molho vinagrete (cf. a receita neste mesmo capítulo), ou com manteiga derretida.

# Molho de pimenta

(1 xícara de chá)

182 **2 colheres de sopa cheias de pimentas frescas variadas e bem picadas; ½ copo de vinagre branco; 2 colheres de sopa de azeite; ⅓ de xícara de chá de água; 1 cebola média; sal.**

Misture as pimentas com o vinagre, a água e o azeite. Bata bem. Tempere com sal e junte a cebola cortada em rodelas finíssimas. Deixe tomar gosto por 1 hora, antes de servir.

# Molho vinagrete

(2/3 de xícara de chá)



**6 colheres de sopa de azeite; 1½ colher de sopa de vinagre, de preferência de cidra; 1 colher de chá de água; sal e pimenta.**

Misture o vinagre com a água e bata com o azeite, até espumar. Tempere com sal e pimenta a gosto.

*O vinagrete pode ser misturado com 1 colher de sobremesa de cebola ralada, ou com 1 colher de sopa de salsa picadinha. Pode também ser temperado com 1 colher de café de mostarda e com gotas de molho inglês.*

# Pirão de farinha de mesa

(para 4)

184 **2 xícaras de chá cheias de farinha de mesa não tostada; 1 cebola pequena; 1 tomate pequeno, sem peles nem sementes; ½ dente de alho; 1 colher de sopa de salsa picadinha ou de coentro picado (opcional); 1 pimentinha-malagueta; 2 colheres de sopa de óleo (ou azeite se o pirão for para acompanhar peixe); sal.**

Misture a farinha com 2 copos de água fria com sal a gosto, mexa bem e deixe inchar por 5 minutos. Esquente o óleo (ou azeite) e doure a cebola batidinha junto com o alho picado. Misture com o tomate grosseiramente amassado com o garfo e com a malagueta esmagada. Molhe com 2 xícaras de chá de água quente. Misture com a farinha e bata em fogo brando, com colher de pau, até obter um pirão cozido, transparente e fofo. Estará no ponto quando o fundo da panela começar a aparecer. Eventualmente acrescente um pouco mais de água quente, pois o pirão não deve ficar muito duro. Por último, e em sendo o caso, misture bem com a salsa ou coentro.

# Purê de batatas

(para 4)



**1½ quilo de batatas; 1 colher de sopa de manteiga; ½ copo de leite; sal.**

Descasque as batatas, que devem ser do tipo holandês para que o purê não cole (batatas de casca amarela e fina), lave bem e cozinhe em água com sal. Devem ficar firmes. Uma vez no ponto, retire do fogo, escorra imediatamente e passe pelo espremedor enquanto estão quentes. Misture com a manteiga e com o leite e leve ao fogo brando, batendo com colher de pau até que o fundo da panela apareça.

*Este purê de batatas pode ser enriquecido, em sendo o gosto, com 1 gema crua, ou com 1 pitada de noz-moscada.*

# Salada de batatas

(para 6)

186 **2 quilos de batatas; 6 ovos; ½ copo de óleo; ½ copo de azeite; 1 cebola pequena; 1 colher de sopa rasa de mostarda; 1 colher de café de molho inglês; 1 lata de creme de leite sem o soro; 1 colher de sopa de vinagre branco; 2 colheres de sopa de salsa picadinha; sal e pimenta.**

Cozinhe as batatas com casca em água e sal. Não deixe que amoleçam demais. Passe por água fria, descasque e corte em rodelas grossas ou em pedaços não muito pequenos. Bata 3 gemas cruas com colher de pau e vá acrescentando pouco a pouco o ½ copo de óleo. Misture com 3 gemas cozidas, passadas pela peneira, e continue a bater, acrescentando então e gradativamente o ½ copo de azeite. A maionese deve ficar bem firme. Misture com a cebola ralada e com a salsa. Tempere com sal, pimenta, mostarda, molho inglês e vinagre. Acrescente o creme de leite, firme e sem o soro, e misture bem. Ligue as batatas com esta maionese composta e sirva a salada gelada.

# Salada mista

(para 4)



**1 alface média; 3 tomates grandes, maduros e firmes; 1 cebola grande; 1 lata pequena de palmito; 2 ovos cozidos; 1 colher de sopa de salsa picadinha; 6 colheres de sopa de azeite; 1½ colher de sopa de vinagre de vinho; sal e pimenta.**

Limpe a alface, lave e seque sobre um guardanapo, pois qualquer vestígio de água adultera o gosto da salada. Rasgue as folhas em pedaços regulares e não muito pequenos. Corte os tomates em gomos não muito grossos, polvilhe com sal e deixe descansar por 5 minutos. Seque então os tomates sobre um guardanapo. Corte a cebola em rodelas finas e deixe de molho por 5 minutos em água gelada. Escorra e seque sobre um guardanapo. Corte o palmito escorrido em rodelas e cada ovo cozido em quatro gomos. Bata o azeite com o vinagre e a salsinha e tempere com sal e pimenta. Misture bem, numa saladeira grande e funda, a alface com os tomates, a cebola, o palmito e o molho. Complete com os ovos cozidos e sirva em seguida, para que a alface não murche.

# Tutu de feijão

(para 4)

188 **6 xícaras de chá de feijão-preto caseiro (cf. a receita neste mesmo capítulo), grãos e caldo em partes iguais; 1 dente de alho; 1 cebola pequena; 150 gramas de toucinho defumado magro; 1 colher de sopa de óleo; farinha de mandioca que baste; 1 colher de sopa de salsa picada; 1 colher de sopa de cebolinha verde picada; 1 colher de café de caldo de pimenta (opcional); sal e pimenta.**

Pique o toucinho e frite no óleo. Quando os torresmos estiverem prontos, retire e escorra em papel absorvente. Nesta mesma fritura, doure a cebola batidinha e o alho amassado. Torne a temperar o feijão. Prove o sal, junte um pouco de pimenta-do-reino e o caldo de pimenta. Vá então acrescentando farinha de mesa em chuva, sempre mexendo com colher de pau, até obter um pirão não muito duro e completamente cozido e leve. Misture com os torresmos, com a salsa e com a cebolinha e mexa bem.

# Sobremesas

# Aletria

(para 6)

**250 gramas de aletria (massa tipo cabelo-de-anjo); 1 litro de leite; 3 colheres de sopa de açúcar; 4 gemas cruas; 1 pedaço de casca de limão; canela em pó que baste.**

Ferva o leite com o açúcar e a casca de limão. Coe. Misture com a aletria e leve ao fogo brando, tendo o cuidado de soltar a massa com um garfo. Cozinhe até que todo o leite seja absorvido, mexendo de vez em quando. Retire do fogo, espere amornar e misture com as gemas. Mexa bem e cozinhe por mais 5 minutos em fogo brando. Despeje numa travessa e polvilhe com canela a gosto. Sirva morna ou fria.

# Arroz-doce
(para 6)

192 **250 gramas de arroz agulha, triado, lavado e escorrido; 2 copos de água; 1 litro de leite fervido; 1 pedaço de casca de limão; 1 pauzinho de canela; 3 colheres de sopa de açúcar; canela em pó que baste.**

Ferva a água com a casca de limão e o pau de canela. Misture com o arroz e, quando o mesmo estiver quase seco, junte o leite temperado com o açúcar. Mexa em fogo brando, com colher de pau, por 10 minutos. Continue a cozinhar em fogo brando, até que o arroz esteja bem macio e todo o leite absorvido, mexendo de vez em quando. Despeje numa travessa (ou em tigelinhas) e polvilhe com canela em pó a gosto. Sirva morno ou frio.

*Sendo de gosto, e quando o arroz já estiver no ponto, misture-o com 3 gemas cruas e cozinhe por mais alguns minutos.*

# Canjica com leite-de-coco

(para 8)

**½ quilo de milho branco; ½ litro de leite; 1 garrafinha de leite de coco; 1 lata de leite condensado; 1 colher de sopa não muito cheia de manteiga; 1 colher de café rasa de sal; 6 cravinhos; 2 paus de canela; farinha de arroz que baste; canela em pó a gosto.** 

Coloque o milho de molho em água fria de véspera. Limpe o milho se necessário, retirando a casca e o olho. Leve ao fogo brando com o leite, 1 litro de água, sal, os cravinhos e os paus de canela. Cozinhe até que o milho esteja macio. Misture então com o leite de coco, o leite condensado e a manteiga. Mexa bem e acrescente um pouco mais de água se julgar necessário. Deixe no fogo por mais 15 minutos. Engrosse ligeiramente com um pouco de farinha de arroz, cerca de 1 colher de sopa. A canjica não deve porém ficar excessivamente grossa. Despeje em tigelinhas, polvilhe com canela a gosto e sirva quente, morna ou fria.

# Cocada-puxa
(para 8)

194 **1 quilo de rapadura; 2½ copos de água; 2 cocos ralados; 1 colher de sopa rasa de manteiga; caldo coado de 1 limão.**

Pique a rapadura e leve ao fogo brando com a água, até obter uma calda. Misture com os cocos, mexa bem com colher de pau e deixe dar o ponto, mexendo de vez em quando. A cocada estará pronta quando o fundo da panela começar a aparecer. Misture então com a manteiga e com o caldo de limão, mexa bem e deixe no fogo por mais alguns minutos.

# Compota de goiaba

(para 8)



**24 goiabas vermelhas, grandes, maduras e firmes; 6 cravinhos; 2 xícaras de chá de açúcar; 6 xícaras de chá de água.**

Descasque as goiabas, corte ao meio e retire as sementes. Misture o açúcar com a água e prepare uma calda em ponto ralo. Cozinhe as goiabas nesta calda, junto com os cravinhos e em fogo brando. Não devem se desmanchar. Quando estiverem no ponto, retire para uma compoteira, com o auxílio de uma escumadeira. Aperte o ponto da calda em fogo forte e despeje sobre as goiabas. Sirva frio.

# Compota de manga

(para 8)

196 **8 mangas grandes, maduras e firmes, do tipo manga-rosa; 2 xícaras de chá de açúcar; 6 xícaras de chá de água; 1 colher de café mal cheia de baunilha.**

Descasque as mangas e corte em fatias não muito finas. Misture o açúcar com a água e a baunilha e prepare uma calda em ponto ralo. Cozinhe as mangas nesta calda, em fogo brando. Quando as frutas estiverem macias, retire para uma compoteira. Aperte o ponto da calda em fogo forte e despeje sobre as mangas. Sirva frio.

# Creme caramelo

(para 6)



**¾ de litro de leite; 8 gemas; 4 claras; 1 colher de sopa de maisena; 1 colher de café rasa de raspas de limão; 150 gramas de açúcar.**
**Para o caramelo: 1 xícara de chá de açúcar; 1 colher de sopa de manteiga.**

Bata muito bem as gemas com as claras, o açúcar e a maisena. Junte o leite frio, as raspas de limão e torne a bater. Encha, até ⅔, 6 tigelinhas untadas com a manteiga. Leve ao forno regular, em banho-maria, por cerca de 40 minutos. Para a calda, derreta o açúcar numa caçarola limpa e seca, até que esteja cor de caramelo. Molhe com 2 xícaras de chá de água e deixe em fogo brando até obter uma calda não muito grossa. Retire as tigelinhas do forno, espere amornar e despeje um pouco de caramelo em cada uma. Sirva frio ou gelado.

# Creme de abacate

(para 8)

198 **6 abacates grandes e maduros do tipo africano (casca grossa); 1 lata de leite condensado; 1 limão.**

Corte os abacates ao meio, retire os caroços e eventuais partes escurecidas, machucadas ou fibrosas por demais. Descasque. Pique e coloque no liquidificador junto com o leite condensado. Bata bem. Passe por peneira fina e despeje em oito taças. Leve à geladeira por cerca de 2 horas. No momento de servir, regue cada taça com gotinhas de limão, dê uma mexida e sirva em seguida, caso contrário o creme ficará escurecido em contato com o limão.

*Ao invés de leite condensado, pode-se usar 1 lata de creme de leite sem o soro e açúcar a gosto. Quanto ao caldo de limão, proceda como foi dito anteriormente. Caso não tenha liquidificador, passe o abacate duas vezes por peneira fina.*

# Creme de chocolate

(para 8)

**1 pacote de chocolate em pó; 1 litro de leite; 125 gramas de açúcar; 3 gemas; 4 ovos inteiros; 1 colher de sobremesa de manteiga; ½ copo de rum branco; 1 lata de creme de leite sem o soro.**

Bata o açúcar com as 3 gemas até obter uma mistura esbranquiçada. Acrescente os 4 ovos inteiros e torne a bater. Desmanche o chocolate em 1 copo de leite frio. Misture a gemada com o restante do leite morno, junte a manteiga e engrosse em fogo brando, mexendo com colher de pau. Quando estiver chegando no ponto, acrescente o chocolate e continue a engrossar. O creme fica muito leve e suave. Passe pela peneira fina, se julgar necessário, e por último acrescente o rum. Mexa bem e distribua por oito taças. Espere esfriar e leve à geladeira por 1 hora. No momento de servir, complete cada taça com uma porção de creme de leite gelado.

# Curau de milho-verde

(para 8)

200 **15 espigas de milho verde bem tenro; 1 litro de leite; 1 lata de leite condensado; 3 gemas; canela em pó a gosto.**

Rale as espigas de milho e bata bem no liquidificador com o leite, as gemas e o leite condensado. Passe pela peneira fina e engrosse em fogo brando. Despeje em oito tigelinhas, polvilhe com um pouco de canela e sirva frio.

*Ao invés do leite condensado, pode-se utilizar açúcar a gosto.*

# Doce de abóbora com coco

(para 10)



**2 quilos de abóbora-moranga; 4 xícaras de chá de açúcar; 1 vidro pequeno de leite de coco; 2 pacotes de coco ralado; 1 pacotinho de cravinhos; 3 paus de canela.**

Descasque a abóbora, retire as sementes, lave e corte em pequenos pedaços. Prepare uma calda rala com o açúcar, 6 xícaras de chá de água, os cravinhos e a canela. Coloque a abóbora para cozinhar em fogo brando. Mexa de vez em quando, com colher de pau. Logo que a abóbora esteja cozida e se desmanchando, e a calda quase toda absorvida, misture com o leite de coco, com o coco ralado, e bata bem. Deixe no fogo brando, até que o fundo da panela comece a aparecer quando o doce for mexido. Espere amornar e despeje numa compoteira. Sirva frio.

# Doce de batata-doce

(para 10)

202 **2 quilos de batata-doce, da branca ou da roxa; 1 pacotinho de cravinhos; 1 colher de café de raspas de casca de limão; 4 xícaras de chá de açúcar.**

Descasque as batatas, lave bem, corte aos pedaços e afervente por 5 minutos. Escorra. Prepare uma calda rala com o açúcar, 6 xícaras de chá de água e os cravinhos. Misture a batata com a calda, mexa e deixe em fogo brando. O doce estará pronto quando toda a calda for absorvida e o fundo da panela começar a aparecer. Retire os cravinhos e passe pela peneira fina. Misture com as raspas de limão e leve novamente ao fogo por alguns minutos, batendo com colher de pau. O doce não deve ficar excessivamente duro. Espere amornar e despeje numa compoteira.

*Sendo de gosto, polvilhe o doce com um pouco de canela em pó.*

# Doce de bananas em rodinhas

(para 10)



**12 bananas-d'água, maduras e firmes; 4 xícaras de chá de açúcar; canela em pó a gosto.**

Coloque o açúcar na panela e derreta em fogo brando até obter um caramelo claro. Molhe com 6 xícaras de chá de água e deixe desmanchar e ferver, para obter uma calda não muito rala. Coloque as bananas cortadas em rodelas não muito finas na panela e aumente um pouco o fogo. As bananas não devem se desmanchar, e a calda final fica espessa. Espere amornar, despeje o doce numa compoteira e polvilhe com um pouco de canela. Sirva frio.

# Doce de coco

(para 8)

204 **2 cocos ralados; 6 gemas; 6 cravinhos; 4 xícaras de chá de açúcar.**

Prepare uma calda em ponto não muito ralo com o açúcar, 5 xícaras de chá de água e os cravinhos. Misture com os cocos ralados, mexa bem e deixe em fogo brando até que comece a ferver e a secar um pouco. Retire do fogo e acrescente as gemas. Bata bem e volte com a panela ao fogo brando, mexendo de vez em quando. O doce estará no ponto quando, ao ser mexido, o fundo da panela começar a aparecer. Despeje numa compoteira e sirva frio.

*O doce de coco é sempre mais saboroso quando fica com um pouco de calda.*

# Doce de leite

(para 8)



**1 litro de leite; 400 gramas de açúcar; 1 colher de chá de essência de flor de laranjeira ou então 1 colher de café mal cheia de baunilha.**

Ferva lentamente o leite com o açúcar e o perfume escolhido em fogo brando. O leite talha e forma bolinhas. Mexa de vez em quando, mas com cuidado para não desmanchar o granulado. O doce estará no ponto quando, ao ser mexido, o fundo da panela começar a aparecer.

# Gelatina com frutas

(para 8)

206 **2 pacotes de gelatina de morango (ou cereja ou framboesa, caso prefira); 2 maçãs deliciosas; 4 pêssegos em calda; ½ copo da calda dos pêssegos; açúcar que baste.**

Desmanche a gelatina em 1 litro de água morna, misture com a calda e esquente em fogo bem brando, até que esteja completamente diluída. Acrescente um pouco mais de açúcar se for de gosto. Descasque as maçãs, retire as sementes e pique miudinhas. Pique também os pêssegos. Coloque um pouco de gelatina em cada uma das oito taças. Complete com frutas picadas, leve à geladeira e espere coagular. Encha então as forminhas com o restante da gelatina, ainda líquida e quase fria. Leve à geladeira até que a mistura esteja bem firme.

# Manjar branco com ameixas em calda

(para 8)

**1 litro de leite fervido e coado; 1 vidro pequeno de leite de coco; 6 colheres de sopa cheias de maisena; 2 colheres de sopa cheias de açúcar; 1 lata grande de ameixas pretas em calda.** 

Misture o leite morno com o açúcar e com o leite de coco bem batido com a maisena. Leve ao fogo brando para engrossar, sempre mexendo com colher de pau, até obter um mingau consistente. Despeje a mistura numa fôrma de canudo ou tipo anel, molhada com água fria, e acomode-a bem. Leve à geladeira por cerca de 1½ hora ou até que esteja bem firme. Para desenformar, emborque a fôrma sobre o prato escolhido e dê-lhe um golpe seco e firme. Regue com a calda e enfeite com as ameixas. Sirva gelado, ou na temperatura ambiente.

*Preferindo, coloque a mistura em oito tigelinhas e complete as demais etapas conforme indicado.*

# Pudim de coco

(para 6)

208 **1 coco ralado fino; 4 ovos; ½ quilo de açúcar; 1 colher de sopa cheia de manteiga; 2 colheres de sopa de farinha de trigo.**

Bata as gemas com 4 colheres de sopa de açúcar, até obter uma mistura esbranquiçada e espumosa. Junte a manteiga derretida, a farinha de trigo e misture bem. Com o resto do açúcar, prepare uma calda clara e grossa. Misture com o coco ralado, mexa e deixe tomar ponto. Retire do fogo e acrescente a preparação anterior. Bata e, por último, incorpore as 4 claras em neve firme. Despeje numa fôrma untada com manteiga e leve ao forno quente e em banho-maria por cerca de 40 minutos. Espere amornar, passe uma faca molhada ao redor da fôrma e desenforme com um golpe firme e seco. Sirva frio.

# Pudim de leite

(para 6)



**12 gemas; 2½ xícaras de chá de açúcar; 1 colher de sobremesa rasa de maisena; 2 xícaras de chá de leite.**
**Para a calda: 1 xícara de chá de açúcar; 1 xícara de chá de água.**

Bata as gemas com 1½ xícara de chá de açúcar em ponto de gemada. Desmanche a maisena no leite e junte à gemada misturando bem. Despeje em uma fôrma untada com manteiga e leve ao forno regular e em banho-maria por cerca de 40 minutos. Derreta o açúcar indicado para a calda, até que esteja cor de caramelo não muito claro. Misture com 1 xícara de chá de água e deixe em fogo brando até obter uma calda meio rala. Deixe o pudim esfriar. Passe uma faca molhada ao redor e desenforme com um golpe firme e seco. Regue com o caramelo e sirva frio ou gelado.

# Pudim de pão

(para 6)

210 **½ litro de leite; 200 gramas de miolo de pãezinhos de sal amanhecidos; 200 gramas de açúcar; raspas da casca de 1 limão; 6 ovos; 1½ colher de sopa de manteiga; 2 caixinhas de passas pretas; 1 dose de conhaque.**

Ferva o leite, misture com o miolo de pão e bata com colher de pau até obter uma massa homogênea. Retire do fogo e deixe esfriar. Junte as passinhas que ficaram de molho no conhaque. Acrescente o açúcar, as raspas de limão, as gemas e 1 colher de sopa de manteiga. Misture bem e, por último, incorpore as claras em neve firme. Despeje numa fôrma untada com ½ colher de sopa de manteiga e leve ao forno regular e em banho-maria por cerca de 1 hora. Espere amornar, para então desenformar. Besunte o pudim com um pouco de geléia de damascos ou então, se preferir, regue-o com um caramelo, idêntico ao preparado para a receita anterior.

# Pudim de queijo

(para 6)

**4 ovos; 10 colheres de sopa cheias de açúcar; 2 colheres de sopa rasas de farinha de trigo; 1 colher de sopa de manteiga; 1 xícara de chá de queijo-de-minas ralado (convém não utilizar o tipo Boa Nata); 1 colher de sopa não muito cheia de parmesão ralado; 1 copo de leite.**
**Para o caramelo: 2 colheres de sopa de açúcar.**

Bata as claras em neve firme, junte as gemas e depois, pouco a pouco, o açúcar. Acrescente a manteiga derretida e fria, a farinha de trigo bem desmanchada no leite e, por fim, os queijos. Misture com cuidado. Coloque 2 colheres de sopa de açúcar na fôrma escolhida e leve diretamente sobre a chama até que derreta e comece a tomar cor. Com movimentos circulares, cubra toda a fôrma com o caramelo. Encha com a mistura. Leve ao forno regular para assar em banho-maria por cerca de 45 minutos. Espere amornar, passe uma faca molhada ao redor da fôrma e desenforme com um golpe firme e seco. Sirva frio.

# Salada de frutas

(para 10)

212 **1 abacaxi pequeno e maduro; 2 maçãs deliciosas; 2 pêras; ½ mamão; 3 laranjas do tipo baía; 5 bananas-prata; 1 cacho grande de uvas brancas tipo itália; 2 pêssegos grandes e maduros; 1 xícara de chá de açúcar; ½ copo de vinho do Porto.**

Descasque o abacaxi e pique em pedacinhos. Faça o mesmo com o mamão, retirando todos os caroços e filamentos. Descasque as laranjas, retire toda a pele e pique. Escorra o caldo da laranja e do abacaxi para uma pequena caçarola. Misture com 1 xícara de chá de água e com o açúcar. Leve ao fogo brando até obter uma calda clara e rala. Espere esfriar. Misture em uma saladeira os pêssegos descascados e picados com o abacaxi, as laranjas e o mamão. Acrescente as uvas cortadas ao meio e sem sementes e as bananas cortadas em rodelas finas. Junte pêras e maçãs descascadas, sem sementes e cortadas em cubinhos. Misture todas as frutas com a calda já fria e com o Porto. Mexa bem. Deixe na geladeira por 1 hora.

*O vinho do Porto pode ser substituído por uma dose de rum branco.*

# Torta de bananas fritas

(para 6)



**12 bananas-prata maduras porém firmes; óleo para a fritura.**
**Para o creme: 3 copos de leite; 1 colher de café de baunilha; 1 colher de sobremesa de manteiga; 1 colher de sopa cheia de açúcar; 100 gramas de farinha de trigo; 2 ovos inteiros; 3 gemas; 1 pitada de sal.**
**Para a cobertura: 3 claras; 6 colheres de sopa cheias de açúcar; 1 colher de café rasa de raspas de limão.**

Corte as bananas em fatias não muito finas e frite em óleo quente. Escorra em papel absorvente e arrume num prato que vá ao forno. Bata os 2 ovos e as 3 gemas com a farinha de trigo, o sal e o açúcar. Misture com o leite perfumado com a baunilha. Junte a manteiga e engrosse em fogo brando, mexendo com colher de pau. Espere amornar e despeje sobre as bananas, de modo a cobri-las. Bata as 3 claras em neve firme e misture bem com as 6 colheres de sopa de açúcar e com as raspas de limão. Espere até que o creme esteja completamente frio e cubra-o todo com o suspiro. Leve ao forno quente para que toste um pouco e para que o merengue cresça e abra em bolhas. Sirva fria.

# Torta de maçãs

(para 8)

214 **Para a massa: 400 gramas de farinha de trigo peneirada; 3 colheres de sopa cheias de manteiga ou margarina; 1 colher de café rasa de sal; 1 colher de sopa cheia de açúcar; cerca de 1 copo de água fria.**
**Para o recheio: 4 maçãs deliciosas, das grandes; 2 colheres de sopa de açúcar; 1 colher de sobremesa de canela em pó.**
**Para o creme: 4 copos de leite; 3 colheres de sopa cheias de maisena; 1 colher de chá de manteiga; 1 colher de sopa de açúcar; 3 gemas; 1 colher de café mal cheia de baunilha.**

Misture os ingredientes indicados para a massa e trabalhe-a com as mãos até que esteja bem unida e firme. Deixe repousar por 30 minutos. Unte e enfarinhe uma fôrma de aro das grandes e forre com a massa estendida bem fina, levantando as beiradas para formar os bordos de cerca de 2 dedos de altura. Pique o fundo com o auxílio de um garfo e leve ao forno regular e pré-aquecido por 5 minutos, para que seque um pouco.
Para o creme: misture o leite com a maisena, as gemas, a manteiga e o açúcar, perfume com a baunilha e engrosse em fogo brando, mexendo com colher de pau. Espere amornar e despeje o creme sobre a massa já fria. Divida as maçãs com casca em quatro gomos e retire as sementes. Corte em fatias finas e arrume-as sobre o creme, da beirada para dentro. As fatias de maçã devem ficar superpostas, de modo a formar uma rosácea. Misture o açúcar indicado para o recheio com a canela e polvilhe toda a torta. Leve ao forno regular e pré-aquecido por cerca de 30 minutos. Desenforme quando estiver morna e sirva em seguida, ou então espere esfriar por completo.

# Viradinho de bananas

(2 porções)



**6 bananas-prata, maduras e firmes; 6 fatias finas de queijo-de-minas (o tipo Boa Nata não serve); ½ xícara de chá de açúcar; 1 colher de chá rasa de canela em pó; 1 colher de sopa de manteiga; óleo para a fritura; farinha de milho que baste.**

Corte as bananas em fatias não muito finas, frite em óleo quente e escorra em papel absorvente. Em outra frigideira, derreta a manteiga e arrume as bananas. Cubra com as fatias de queijo e vá mexendo devagar e em fogo brando para que possam derreter. Polvilhe com o açúcar misturado com a canela. Por último, vá juntando farinha de milho em chuva, até obter uma mistura solta e leve. Sirva quente.

Este livro foi impresso em São Paulo, em abril de 2003,
pela Lis Gráfica e Editora para a Editora Nova Fronteira.
O papel de miolo é Chamois Fine Dunas 70g/m², produzido
pela Ripasa S/A Celulose e Papel, a partir de
eucaliptos plantados em seus parques florestais,
e o de capa é cartão 250g/m².

PAPEL

CHAMOIS-FINE
alcalino

Visite nosso *site*: www.novafronteira.com.br